CB068443

Noturno da Lapa

República Federativa do Brasil

Presidente da República
Luís Inácio Lula da Silva

Ministro da Cultura
Gilberto Gil Moreira

Fundação Biblioteca Nacional

Presidente
Pedro Corrêa do Lago

Diretoria Executiva
Luiz Eduardo Conde

Coordenadoria-Geral do Livro e da Leitura
Luciano Trigo

Coordenadoria-Geral de Pesquisa e Editoração
João Luiz Bocayuva

Luís Martins

Noturno da Lapa

4ª edição

© Ana Luisa Martins, 2004
representada por AMS Agenciamento Artístico, Cultural e Literário Ltda.

Reservam-se os direitos desta edição à
EDITORA JOSÉ OLYMPIO LTDA.
Rua Argentina, 171 – 1º andar – São Cristóvão
20921-380 – Rio de Janeiro, RJ – República Federativa do Brasil
Tel.: (21) 2585-2060   Fax: (21) 2585-2086
Printed in Brazil / Impresso no Brasil

Atendemos pelo Reembolso Postal

ISBN 85-03-00827-0

Projeto de capa e estojo: Luiz Basile
Ilustração: *Mulheres na janela*, Di Cavalcanti, 1972, xilogravura, 48,50 x 0,66 cm
Foto: Marcos Magaldi

Agradecimentos: Ruy Castro, Samuel Gorberg, Paulo Fonseca, Leon Barg, Nirez, João Máximo, Elisabeth di Cavalcanti Veiga.

CIP-Brasil. Catalogação-na-fonte
Sindicato Nacional dos Editores de Livros, RJ.

M344n
4ª ed.

Martins, Luís, 1907-1981
   Noturno da Lapa / Luís Martins. – 4ª ed. – Rio de Janeiro: José Olympio, 2004.

   ISBN 85-03-00827-0

   1. Martins, Luís, 1907-1981. 2. Lapa (Rio de Janeiro, RJ) – Usos e costumes. 3. Boemia (Estilo de vida) – Rio de Janeiro (RJ). I. Título.

04-1160

CDD – 869.98
CDU – 821.132.3(81)94

A todos os meus companheiros da velha Lapa é dedicado este livro.

SUMÁRIO

PREFÁCIO DA 2ª EDIÇÃO 9

APRESENTAÇÃO DA 1ª EDIÇÃO 13

À MANEIRA DE INTRODUÇÃO 17

O NASCIMENTO DO MITO 35

A DESCOBERTA 41

A *BELLE ÉPOQUE* 49

INICIAÇÃO 61

A GRANDE ÓPERA 67

LAFORGUE NA LAPA 85

NOTURNO DA LAPA 99

NOTURNO DA LAPA / LUÍS MARTINS

O ESPANHOL QUE MORREU — 119

O NOSSO CEMITÉRIO — 131

BAR DE GARÇONETES — 143

A "VIDA ALEGRE" — 155

OS CABARÉS — 171

A PAREDE DE VIDRO — 181

A ESTRANHA AVENTURA — 195

DESAGREGAÇÃO — 213

LUA E PASSARINHO — 223

UM PROBLEMA ETERNO — 233

DECLÍNIO — 245

A VALSA ACABOU — 263

A LAPA DE LUÍS MARTINS — 283

PREFÁCIO DA 2ª EDIÇÃO

O que conta este livro não é a história da minha mocidade, mas apenas uma parte dela, tendo a Lapa como cenário. Isto é interessante assinalar porque a sua leitura pode dar a falsa impressão de que toda a minha juventude se passou nesse antigo bairro boêmio carioca, quando a verdade é que nele nem sequer morei. Freqüentei pessoas, cultivei relações, vivi aventuras que nada têm a ver com a Lapa — e, por isto, não são aqui mencionadas. Nem todas as minhas noites se perderam nos bares e cabarés lapianos. Além do mais, eu trabalhava. E a minha atividade literária, nesse tempo, era bem maior do que a de hoje. Basta dizer que em 1936 publiquei a novela Lapa; em 1937, o romance *A terra come tudo* e a *plaquette A arte moderna no Brasil*. Não poderia passar noites seguidas bebendo chope.

O que acontece é que o Noturno... foi um trabalho feito de encomenda, para a coleção comemorativa do IV Centenário do Rio de Janeiro (dirigida por Guilherme Figueiredo), da Editora Civilização Brasileira. Obteve, em 1964, o prêmio Jabuti de memórias, mas, a rigor, o seu assunto específico não é a minha autobiografia. É a Lapa.

O livro foi benevolamente recebido pelos amigos, pela crítica e pelos colunistas literários. Inúmeros artigos e crônicas escreveram-se sobre ele. Uma das crônicas, publicada no antigo *Correio da Manhã*, no dia 6-10-1964, emocionou-me de maneira especial porque eu não conhecia pessoalmente o seu autor, de uma geração posterior à minha. Trata-se de Carlos Heitor Cony, e a crônica em questão começava assim:

"Acabo de ler, emocionado e surpreso, o livro de Luís Martins recentemente lançado pela Editora Civilização Brasileira: *Noturno da Lapa*. Justifico a emoção e a surpresa.

Em primeiro lugar, é o próprio Luís Martins quem explica a sua quase clandestinidade diante das novas gerações. Podendo ser, pela linguagem, pela vivência e pela inteligência, um dos maiores nomes da nossa literatura, resignou-se a um lugar humilde demais para o seu talento e as suas possibilidades. Diz ele, em seu livro, que não ambicionou a glória, nem soube nem quis fazer política literária. Isso explica alguma coisa, mas não justifica nem perdoa a ignorância que os mais novos temos de sua obra.

Conhecia o nome de Luís Martins, sabia-o inteligente e divertido — uma fama superficial que estigmatiza muita gente capaz. Não li seus romances, nem seu livro de estréia, *Lapa*, cujos trechos transcritos neste atual *Noturno* já dão para sentir o peso e a importância do romancista. Tomemos, para uma comparação apressada, o livro de estréia de Jorge Amado. Ambos estrearam jovens demais, sem maturidade huma-

PREFÁCIO DA 2ª EDIÇÃO

na ou literária, é certo. Mas o livro de Luís Martins, só pela mostra da linguagem, é superior ao de Jorge. Este persistiu, perseguiu o sucesso, aprimorou-o, e chegou a *Mar morto*, a *Jubiabá*, a *Gabriela*: merece hoje a fama, a glória e o dinheiro que tem. Pergunta: onde chegaria Luís Martins?"

Depois de outras considerações igualmente generosas, assim finalizava o cronista:

"*Noturno da Lapa* é um livro importante, pois transcende do simples pitoresco, do mero anedotário de um bairro ou de um grupo de rapazes. E Luís Martins precisa de uma urgente revisão crítica."

Repito: nessa época, eu não conhecia pessoalmente Carlos Heitor Cony; depois, estive com ele duas ou três vezes, em encontros ocasionais e rapidíssimos. Um outro escritor — este, argentino — que nunca vi, com quem jamais falei, que só conheço de fotografia, iria tornar-se leitor fervoroso do *Noturno da Lapa*, com um entusiasmo que me surpreende. Chama-se Jaime Julio Vieyra. Estando no Rio de Janeiro de passagem, em 1964, viu o livro na vitrine de uma livraria e adquiriu um exemplar. Leu-o e gostou tanto que decidiu escrever ao autor. Somente há uns três ou quatro anos conseguiu, vencendo mil obstáculos e não sei bem de que maneira, obter meu endereço. Com isto, iniciou uma correspondência que se mantém até hoje, ativíssima de sua parte, meio frouxa da minha, pois sou péssimo escrevedor de cartas. No dia 29 de setembro de 1977, Vieyra leu, na Casa del Escritor, sede da Sociedad Argentina de Escritores, em Buenos Aires, uma conferência sobre o *Noturno*, com o título de *Lapa, el Montmartre perdido de Rio de Janeiro*. Em termos tão exageradamente lisonjeiros que não me animo a transcrevê-los.

Para esta reedição, eu pensei em submeter o livro a uma rigorosa e minuciosa revisão, a fim de atualizá-lo. Depois, achei que era melhor não mexer muito. Um acúmulo de erratas e notas explicativas iria prejudicar a sua leitura. Assim, as retificações do texto — notas, acréscimos ou omissões — foram reduzidas a um mínimo absolutamente necessário. O leitor sabe que o *Noturno da Lapa* foi escrito há dezesseis anos — e dará o devido desconto a alguns eventuais anacronismos.

Muitos amigos, cujos nomes figuram nestas páginas, com maior ou menor destaque, já não pertencem ao mundo dos vivos: Dante Costa, Carlos Lacerda, Murilo Miranda, Deocleciano Martins de Oliveira, Di Cavalcanti, Portinari, Joaquim Ribeiro e outros.

No segundo capítulo ("O nascimento do mito"), em que me refiro à casa paterna, onde vivi a maior parte da infância e toda a adolescência, eu digo: "Ainda hoje se ergue, majestoso, o velho casarão." Erguia-se. Foi demolido para ceder lugar a um imenso edifício de apartamentos.

Luís Martins
São Paulo, maio de 1979.

APRESENTAÇÃO DA 1ª EDIÇÃO

A LAPA DE LUÍS MARTINS

No carnaval que precedeu o fim da Segunda Guerra Mundial, Chico Alves anunciava, com a voz de que foi Rei, no alto da orquestra do High Life, ele próprio rebatendo o surdo para a multidão frenética:

> A Lapa está voltando a ser a Lapa.
> A Lapa, confirmando a tradição,
> A Lapa é o ponto maior do mapa
> Do Distrito Federal... Salve a Lapa!

Era a melhor das intenções, gritada ali perto, na rua Santo Amaro, passando desrespeitosamene pelo teto do Palácio de São Joaquim, enveredando pela rua da Glória e pela rua da Lapa, ricocheteando na fachada bonita da Igreja de Nossa Senhora da Lapa dos Mercadores, invadindo o largo da Lapa, desaguando pela rua Maranguape, pela Mem de Sá, pela Riachuelo, pela Joaquim Silva, pela Taylor, pela

Conde de Lage... para bater, em fraqueza de decadência, nos contrafortes dos Arcos... A Lapa de Joãozinho da Lapa, a Lapa dos siris de Mário de Andrade, dos cabarés puxados a tango e maxixe, das portas entreabertas onde olhos decotados hipnotizavam o amor, a Lapa de alemães cantadores e marinheiros rixentos, de mulatas lustradas de cetim, a Lapa não existia mais.

Luís Martins conheceu a Lapa das noites boêmias, viu sua glória e sua decadência, o seu fastígio e o seu assassínio: a vitrola roubando o choro, o show da Urca roubando a atração, o microfone suplantando a cantora, o cinema em vez da carne viva, o café-em-pé matando o papo, o chefe de polícia lacrando as entreabertas portas.

A gente mesma da Lapa ficou sisuda. Não mais se encontrava ali a *Flor do mal*, a mais bela valsa brasileira, que levou seu autor ao suicídio. Nem o charuto outrora boêmio de Villa-Lobos e o piano rebolante de Nazareth — ou mesmo o pistom de Napoleão Tavares que, com seus Soldados Musicais e mais Fon-Fon e sua orquestra, foi o precursor do samba jazzificado, nascido na madrugada americanizada da Lapa, por imitação do cinema sonoro, e recebido com agrado nas inocentes domingueiras tijucanas. As meninas do Instituto Nacional de Música já podiam sair e entrar sem receio de serem vistas "na Lapa"; os estudantes notívagos eram só bebedores de chope; Simão, o diletante

APRESENTAÇÃO DA 1º EDIÇÃO

de ambientes retratado por Ribeiro Couto, morrera; Manuel Bandeira trocou o beco pelo arranha-céu com vista para o mar; Jaime Ovalle levara o violão para Nova York; Mário de Andrade mudara-se para São Paulo; Luiz Peixoto preferia Vila Isabel.

Luís Martins viu tudo isso e viu principalmente a fauna anônima da Lapa de mistura com os últimos boêmios, seus amigos, hoje consideráveis figurões. Viu a Lapa, amou-a, prendeu-a na gaiola de papel onde se prende esse fantasma de pássaro canoro, a saudade. A Lapa está neste livro, para sempre.

Guilherme Figueiredo
Noturno da Lapa, 1966

À MANEIRA DE INTRODUÇÃO

"Em 1936, um escritor fascista nacional denunciava ao governo o romance em que você fixava certos aspectos da vida do Rio, e que se chamava *Lapa*. Como Picasso falando de Guernica, você poderia alegar que a Lapa não era invenção sua. O livro foi apreendido, os exemplares destruídos, você perdeu o emprego, e um dia a força policial, de arma em punho, resolveu caçá-lo de madrugada numa fazenda, como a um sujeito perigosíssimo. Data deste episódio sua transplantação para São Paulo, e a perda deplorável, para o Rio, de um dos cariocas mais genuínos. Conheci você por essa época, e me lembro de que a maldade burra lhe despertou pasmo, não ódio e nem sequer azedume."

CARLOS DRUMMOND DE ANDRADE
Trecho da crônica "A vez de Luís Martins",
Correio da Manhã, 5-3-1957

EM 1936, A ANTIGA Schmidt Editor lançava o meu primeiro romance, chamado *Lapa*; e a história desse livro viria a ser, se não mais romanesca, pelo menos mais dramática e pitoresca que o próprio romance. Uma longa e complicada história, a que não faltou o condimento sórdido do ridículo, mas que terminou, para mim, de maneira bastante desagradável.

Mais do que uma obra de mocidade, o *Lapa*, para o meu gosto de hoje, é um romance mal realizado (cheio de palavrões inúteis, mas isto era a moda do tempo). Entretanto, no momento em que surgiu, teve a sua notoriedade e uma repercussão crítica e publicitária que talvez nenhum dos meus livros posteriores tenha alcançado. É surpreendente saber-se que, no *Handbook of Latin American Studies* de 1938, o crítico norte-americano Samuel Putman incluía o meu nome entre os dos autores dos grandes romances brasileiros de 1936, ao lado de José Lins do Rego, Jorge Amado, Érico Verissimo, Lúcio Cardoso e Graciliano Ramos, lamentando que apenas os três primeiros tivessem voltado à cena em 1937 (Érico Verissimo somente com um livro para crianças), ao passo que nós outros, "Lúcio Cardoso, Luís Martins and Graciliano Ramos are absent — engaged, probably, in incubating new work, which may see the ligth in 1938". Entretanto, em 1937, eu publicara *A terra come tudo*, que passou quase despercebido. Também — e mais do que o próprio *Lapa* — tendo a Lapa como cenário.

O romance de 1936 era escrito na primeira pessoa do singular. Na "Nota absolutamente necessária" que antecedia o texto, eu advertia:

À MANEIRA DE INTRODUÇÃO

"Ainda uma palavra: os espíritos excessivamente imaginosos, que quiserem ver neste livro uma autobiografia, enganam-se redondamente. Minha vida, muito menos interessante do que a do personagem principal, dela difere por completo. Mesmo, talvez, o que possa haver de falso e fraco no livro é a ausência de experiência: vi tudo 'de fora', como um cronista curioso, sentindo o drama como um espectador comovido, talvez excessivamente comovido, porque eu era então muito jovem e demasiadamente sentimental. Entretanto, *Lapa* é um livro de sincera e amarga revolta, e é esta a sua única qualidade que eu desejaria ver reconhecida."

Precaução inútil: para muita gente, criador e criatura passaram a se confundir no mesmo personagem — e esse personagem, totalmente imaginário, não era lá muito simpático e irrepreensível. Risco a que se sujeitam, possivelmente, todos os autores que escrevem os seus romances na primeira pessoa, à maneira dos memorialistas...

Grave inconveniente representava então isso para mim. Moço ainda, eu tinha uma situação bastante promissora. No Instituto de Aposentadoria e Pensões dos Comerciários, recentemente fundado, ocupava uma excelente posição: era o chefe do Departamento de Imprensa e Publicidade, criado por sugestão minha a Agamenon Magalhães, ministro do Trabalho. Tinha como auxiliares os jornalistas Carlos Eiras, Licurgo Costa, que hoje é ministro de Assuntos Econômicos no Exterior, João Duarte Filho e João Paulo de Medeyros. Eu era o mais moço de todos.

Em *O Jornal*, onde também trabalhava, deixara o batente da redação para fazer a crítica de teatro, substituindo ao meu parente (primo de minha mãe) Alberto de Queiroz, já então gravemente enfermo e que pouco depois morreria.

Quando o embaixador Macedo Soares deixou o Ministério da Justiça, Agamenon Magalhães mandou me chamar para me comunicar que iria acumular as duas pastas e necessitava de meus serviços no Ministério da Justiça. Fui, então, requisitado ao Instituto dos Comerciários, sem perda de vencimentos, e colocado, com polpuda gratificação, à disposição do seu gabinete, num vago *"bureau* de imprensa" cujas funções eram mais teóricas do que efetivas. O meu trabalho quase que se resumia a bater papo o dia inteiro, na ante-sala do ministro...

A vida abria-se para mim, em amáveis, risonhas e aveludadas perspectivas, oferecendo-me do mundo uma enganadora visão, em claras tonalidades de azul e rosa. Eu não tinha trinta anos e ganhava quase tanto quanto um deputado. A minha situação no jornal, a minha intimidade com um ministro todo-poderoso, a popularidade nascente, o nome e o retrato com freqüência nos jornais, as críticas e as notícias, em geral elogiosas sobre o *Lapa*, as minhas

À MANEIRA DE INTRODUÇÃO

crônicas diárias, assinadas, a consideração das pessoas, a intimidade dos bastidores, a convivência com atrizes — e sobretudo a mocidade inquieta, uma desenfreada sede de viver, uma ternura infinita, de criança mimada, pela vida; tudo isso criava em mim uma euforia de embriaguez e uma sensação de felicidade perfeita, indestrutível e eterna. Em meu displicente bom humor, um tanto pueril e narcisista, em minha empedernida boa-fé, em minha inaptidão para compreender a maldade, em minha ingenuidade totalmente destituída de malícia, embora posasse de malicioso e irônico, eu era um ser vulnerável, inteiramente desarmado diante das investidas da maldade, da inveja ou da ambição alheias. Tudo aquilo era de uma fragilidade de castelo de cartas... E tudo se desmoronou de uma hora para outra, deixando-me perplexo, aturdido e desapontado, como uma criança diante dos destroços de um brinquedo que lhe cai das mãos.

※ ※ ※

É com um certo cansaço e um grande tédio que me disponho a evocar esse episódio tragicômico da minha vida, que importantes modificações traria ao meu futuro e tão grande influência teria em meu destino. Que tem tudo isso a ver com a Lapa? Pouca coisa, a não ser explicar o meu afastamento do seu cenário, onde passei a ser um turista intermitente, a princípio ainda de certa forma assíduo (várias aventuras que contarei neste livro aconteceram quando eu já morava em São Paulo), depois, aos poucos, desinteressado e ocasional, até que deixei de todo de freqüentá-la. Esquecer é que nunca esqueci.

E há, ainda, outras razões que explicam e justificam a necessidade deste retrospecto histórico. Em primeiro lugar, tudo aconteceu porque eu escrevi um livro chamado *Lapa*; e, depois, porque se trata de uma história um pouco sórdida, que entretanto reflete o clima de uma época, das mais infelizes por que passamos.

Foi Rubem Braga, lembro-me bem — isto lá para os fins de 1936 —, quem, num encontro ocasional, comunicou-me que havia "qualquer coisa" contra o meu livro; ele não sabia direito, mas parecia que alguém o denunciara ao governo, como subversivo...

— Olhe, o melhor é você procurar o Carlos Drummond no Ministério da Educação. Foi ele quem me falou nisso.

Eu estava assombrado. O *Lapa*, subversivo! Se dissessem imoral, indecente, pornográfico, vá lá; mas subversivo, perigoso — por quê? Resolvi, no mesmo instante, ir falar com Drummond.

Ele era o chefe do gabinete do ministro Gustavo Capanema. Nesse tempo, eu já me dava com o grande poeta, mantinha com ele relações muito cordiais, mas estas ainda

À MANEIRA DE INTRODUÇÃO

não se tinham transformado nesta admirável e bela amizade, que é um dos maiores orgulhos da minha vida. No gabinete do ministro, aliás, tinha outro grande amigo: Peregrino Júnior. Drummond contou-me o que se passara. Um velho literato, contemporâneo de Bilac e de sua roda, sujeito mais ou menos *raté* e despeitado com os mais novos ("futuristas", segundo ele), que nenhuma atenção lhe davam, tirara-se dos seus cuidados para enviar ao presidente da República, juntamente com um exemplar do *Lapa* todo anotado por ele, uma longa carta acusando o livro de subversivo, por atentar contra a moral burguesa e a sagrada instituição da família — e a mim, seu autor, nada mais, nada menos, do que desta enormidade: eu era um agente do comunismo internacional, agindo deliberadamente, através da literatura, para implantar no meu país a revolução! Que de um livro que apenas descrevia — de forma um tanto crua e brutal, é verdade — certas cenas de prostituição passadas na Lapa, se pudesse dizer essa tolice, hoje parecerá pilhéria ou loucura. Mas naquele tempo não era. No ano anterior, deflagrara-se no Rio a revolta dos militares comunistas, e o país vivia mergulhado num clima de terror, dada a violência da repressão pela qual o governo enveredara. Bastava que houvesse suspeita, não digo de atividades, mas de idéias comunistas, para que um sujeito se visse em maus lençóis. Quantos ódios então se saciaram, em torpes vinganças, através de denúncias anônimas, levadas a sério pelas autoridades! Ora, o meu acusador era, sabiamente, um simpatizante do fascismo, como ele próprio por escrito proclamava. Eu nunca lhe fizera mal algum, pelo contrário, até mantinha com ele distantes, porém cordiais relações, embora fôssemos de gerações diferentes — sendo ele, pelo menos, uns vinte anos mais velho do que eu. Entretanto, não hesitou em me acusar de uma coisa que sabia perfeitamente não ser verdade. Tanto pode o despeito literário!

Getúlio Vargas, sem saber o que fizesse com a denúncia, enviou-a ao ministro da Educação, para que informasse a respeito. Quando eu cheguei ao gabinete de Carlos Drummond de Andrade, a resposta de Capanema já ia saindo para o Catete. Drummond mandou chamar o mensageiro, abriu o envelope e ma deu para ler. Fora ele quem a redigira, contentando-se o ministro, que também me conhecia, em assiná-la, sem fazer qualquer alteração. Quando acabei de ler, perguntei ao poeta se podia tirar uma cópia: tratava-se da melhor, da mais generosa, da mais honrosa e lisonjeira crítica que se fizera sobre o *Lapa*! Drummond negou: aquilo era um documento confidencial.

Saí do ministério satisfeito, sem mais pensar no assunto: depois daquele depoimento, para mim, ele estava liquidado. Como me enganava! Mal podia eu prever as dramáticas

À MANEIRA DE INTRODUÇÃO

conseqüências daquela denúncia gratuita e torpe na minha vida, modificando-a de forma tão radical... Às vezes, recordando isso tudo, não posso deixar de me sentir emocionado.

* * *

Agamenon Magalhães foi certamente um dos homens mais extraordinários que conheci. Excepcionalmente inteligente, de temperamento autoritário e dominador, era uma personalidade que nada tinha de vulgar. A máscara era impressionante: nos traços acentuadamente mongólicos, uma frieza, uma impassibilidade de mármore. O riso, raro e breve, era geralmente irônico. O homem parecia feito de gelo.

Entretanto, esse *iceberg* humano gostou de mim; não sei bem por que, nem como, mas gostou. Odylo Costa, filho, que dele me aproximara, tempos depois, quando queria qualquer coisa que considerava particularmente difícil, pedia-me: "Fale você com o ministro; você pedindo, ele faz." E, às vezes, fazia mesmo.

Fui eu quem o reaproximou de Assis Chateaubriand, com quem andava brigado (depois brigaram outra vez); foi por meu intermédio que os Diários Associados o convidaram a neles colaborar com um artigo diário — e fui eu quem pessoalmente levou o primeiro da série à redação de *O Jornal*.

Quando se fundou o Instituto dos Comerciários, Agamenon logo me nomeou fiscal (fui o número 1); e algum tempo depois, por ordem sua, foi criado o Departamento de Imprensa e Publicidade, especialmente para que eu tivesse um cargo de direção no grande órgão para-estatal. Daí decorreria uma situação incômoda de incompatibilidade entre mim e o presidente do Instituto. Este, um tal de Polidoro, era — coitado! — um primário. Muito abaixo das responsabilidades do cargo que exercia — dizem que por imposição do próprio Getúlio Vargas, de quem era co-estaduano —, considerava um atentado à sua autoridade as constantes intromissões de Agamenon no Instituto que dirigia. Sentia-se humilhado e diminuído. Danava-se da vida quando, na sala de espera do ministro, aguardando a sua vez de ser recebido, via-me entrar e, sem me fazer anunciar, empurrar a porta e penetrar no sagrado recinto... Disto tudo resultou a solene antipatia que nutria por mim e a incrível má vontade com que me tratava. Em vão, fazia eu relatórios sobre relatórios, apresentando planos de trabalho para o departamento que dirigia. Ele nem sequer me respondia, alegando que andava muito ocupado... Realmente, nós não fazíamos absolutamente nada — porque nada podíamos fazer. Todos os meus planos, todas as minhas sugestões, todos os meus projetos eram sumariamente vetados ou simplesmente esquecidos. Ninguém, no Instituto, ignorava que nós andávamos às turras...

À MANEIRA DE INTRODUÇÃO

Assim, quando Agamenon Magalhães, passando a acumular as duas pastas — a do Trabalho e a da Justiça —, me requisitou para ficar à disposição do seu gabinete nesta última, eu me senti aliviado, visto que a minha situação no Instituto tornara-se verdadeiramente intolerável. Polidoro não gostou, mas que podia ele fazer? Teve que me dispensar, com todos os vencimentos...

Na ante-sala do ministro, todas as tardes se reuniam políticos e importantes figurões da administração. Uma tarde (isto foi no começo de 1937), estava eu muito satisfeito batendo papo, já não me lembro com quem, quando entrou o então capitão Filinto Müller, que era o chefe de polícia. Chamou-me para um canto, mostrou-me uma pasta cheia de papéis que carregava, e disse-me:

— Vou lhe contar uma coisa muito séria. Eu trago aqui comigo uma denúncia contra você e um livro seu, o *Lapa*. Diga-me: o Agamenon sabe disso?

Caí das nuvens! Então, ao contrário do que eu julgava, a denúncia não fora arquivada! O presidente, recebendo a informação de Capanema, que provavelmente nem chegou a ler, juntara-a ao processo e enviara este à Chefatura de Polícia... Abatido, contei tudo ao capitão. Ele procurou tranqüilizar-me:

— Bem. A informação do Capanema é um ponto a seu favor. Vou falar com o Agamenon. Vamos ver o que ele decide a respeito.

E entrou, sobraçando a pasta, no gabinete ministerial. Eu, como é fácil de imaginar, estava nervoso e sobressaltado. Fiquei aguardando, em ansiosa expectativa, o resultado da conferência. Afinal, Agamenon mandou me chamar. Para surpresa minha, tanto ele como Filinto Müller receberam-me com bom humor, rindo e pilheriando:

— Então, *seu* comunista — disse-me o ministro. — Se o Newton Cavalcanti sabe disso, heim! (O general Newton Cavalcanti era o organizador e chefe da tristemente célebre Comissão de Repressão ao Comunismo, que se encarregava de, com métodos próprios e originais, "reeducar" os transviados da ordem democrática e legal, quando não havia mais legalidade nenhuma e a democracia estava prestes a ser estrangulada nas masmorras do Estado Novo.)

Ainda nervoso e emocionado, eu ia começar a falar, para contar a verdade, mas Agamenon interrompeu-me:

— Já sei. Não precisa explicar. Já está decidido: arquiva-se essa besteira.

Saí do gabinete em companhia de Filinto Müller. Na ante-sala, ele me puxou para um canto e segredou-me, em tom confidencial:

— Sabe o que é melhor? Em lugar de arquivar, eu vou é destruir este calhamaço; mando tocar fogo. Assim, você não precisa mais se preocupar.

À MANEIRA DE INTRODUÇÃO

Agradeci-lhe calorosamente. Ele, entretanto, não tocou fogo, nem arquivou. Aquela "besteira", como dizia Agamenon Magalhães, ainda iria fazer-me muito mal...

* * *

Foi por essa época que eu comecei a perceber uma coisa, para mim muito estranha: o Brasil inteiro interessava-se, num clima de entusiasmo apaixonado, pela luta da sucessão presidencial, disputada por dois brasileiros ilustres, José Américo de Almeida e Armando de Sales Oliveira — mas o ministro da Justiça, que era a pasta política por excelência, parecia apático e desinteressado. A respeito das candidaturas, mostrava-se reticente, para não dizer omisso.

Uma tarde, eu resolvi tirar a limpo as dúvidas que então me assaltavam; esperei um momento em que Agamenon estava sozinho em seu gabinete, entrei resolutamente e, com uma audácia que hoje não teria, expus-lhe as minhas inquietações e perplexidades, pedindo-lhe que me orientasse a respeito.

Ele me contemplou sério, sem dizer palavra. Não gostei do seu silêncio e do seu olhar. De repente, Agamenon sorriu. Um sorriso irônico, esquisito, enigmático — e fez uma pilhéria sobre um dos candidatos, justamente aquele que eu julgava ser o de sua preferência. Depois, percebendo pela minha expressão desorientada que aquilo não era uma resposta, mudou de tom e falou, de modo a me deixar perceber que a entrevista estava encerrada:

— Qualquer dia desses nós conversamos... Agora estou muito ocupado.

Saí do gabinete, mais inquieto e confuso do que nunca. Que é que se estaria passando? Aguçando os ouvidos, comecei a escutar, aqui e ali, certas expressões, certos cochichos, certas insinuações que, longe de me deixarem tranqüilo, aumentavam a minha perplexidade. Eu próprio provocava esclarecimentos, em conversas com amigos que sabia mais atilados ou informados do que eu, pedindo a sua opinião sobre o que havia, ou estava para haver. Uma suspeita confusa começou a se articular em meu espírito. Lá para os fins de outubro, a coisa se delineou com precisão: não iam haver eleições!

Então, assaltou-me um profundo desgosto, impregnado de repugnância e revolta. Eu não podia admitir para a crise brasileira uma solução de força. Os regimes ditatoriais me apavoravam. Desorientado, tomei uma resolução meio maluca: alegando doença, pedi ao Instituto uma licença, solicitei ao ministro que me dispensasse — e fugi para São Paulo, enfurnando-me numa fazenda. Foi aí que eu soube, em novembro, do golpe.

O resto é duro de relatar e eu preciso abreviar esta exposição: alegando, como disse a Odylo Costa, filho, que eu desertara no momento do perigo, Agamenon Magalhães

À MANEIRA DE INTRODUÇÃO

desinteressou-se de mim, abandonando-me à própria sorte; a denúncia contra o *Lapa,* que Filinto Müller não arquivara nem queimara, voltou à baila; a Comissão de Repressão ao Comunismo caiu em cima de mim; os exemplares do meu livro foram apreendidos e destruídos; a polícia passou a procurar-me no Rio e em São Paulo; o presidente do Instituto dos Comerciários viu chegada a hora da revanche e demitiu-me sumariamente, sem processo, sem motivo, sem pretexto, sem nada;[1] e numa triste madrugada, policiais armados despertaram-me violentamente numa fazenda paulista — e me escoltaram, preso, como se eu fosse um grande criminoso, até o Gabinete de Investigações.

Eu sei que isso tudo parece estranho, absurdo, irracional. Por causa de um livro sobre a Lapa!... Sim, parece; entretanto, tudo isso aconteceu.

* * *

Desgostoso e enojado, eu resolvi então não mais voltar ao Rio. Ficaria mesmo em São Paulo. Pelo menos por uns tempos, até esquecer tudo e ganhar novamente ânimo para enfrentar a vida em minha própria terra. Regrediria à estaca zero. Mas esperaria por melhores dias...

---

[1] Para o meu lugar, foi nomeado um ex-senador por Pernambuco que ficara sem emprego com o fechamento do Congresso.

Entretanto, eu precisava comer, morar, vestir-me, viver, em suma. Por influência de Carlos Drummond de Andrade e Peregrino Júnior, contando com a boa vontade de Gustavo Capanema, fui nomeado inspetor federal do ensino secundário em São Paulo. Assim, aquele mesmo governo, que em janeiro me mandava prender como elemento subversivo, em março aceitava-me como humilde peça na engrenagem de sua máquina administrativa... Entenda-se!

E, afinal de contas, eu não devia ser tão perigoso assim, pois ia atuar, justamente, no setor da educação, onde teria campo à vontade para perverter e corromper os jovens...

Os dias, os meses, os anos passaram, a vida aos poucos se refez; o *Lapa*, tão falado a princípio, foi sendo esquecido; a injustiça de que fora vítima passou a entrar no rol das coisas peremptas, tão distanciada da memória dos homens que, agora mesmo, ao evocá-la, parece-me estar a revolver ossos de cadáveres antigos num cemitério de velharias.

Na época, aliás, ninguém se importou muito com os meus infortúnios; o tempo não era propício a sentimentalismos, nem a reparações de erros e injustiças; cada qual muito fazia cuidando de si próprio. Depois, a poeira do tempo cobriu tudo. Só o grande coração de um Carlos Drummond de Andrade conservaria, tantos anos passados, a memória do insignificante episódio, entre tantos outros incomparavelmente mais importantes e influentes na vida do país.

À MANEIRA DE INTRODUÇÃO

Eu, que esperava voltar ao Rio, fui ficando em São Paulo. Agora, já não espero mais. E, ao falar outra vez da velha Lapa, é como se voltasse a viver a vida que vivi.[2]

---

[2] A propósito da denúncia contra o *Lapa*, reproduzimos, a título de curiosidade, uma nota assinada por "Antônio Augusto" e publicada no *Correio da Manhã* de 27-1-1937:

"*Literatura realista*.

Uma denúncia foi apresentada contra o livro *Lapa*, do sr. Luís Martins, cuja apreensão se solicita aos poderes públicos.

Voltamos ao tempo daquela famosa Liga pela Moralidade, que se acabou verificando ser uma liga fescenina... Outro dia também haviam pedido a interdição do filme *La Garçonne*, tirado do romance famoso do sr. Victor Margueritte, o qual foi levado em toda parte. E por um triz a fita escapou de ir para o índex porque ofendia a pudicícia dos próximos...

O livro do sr. Luís Martins — apesar de o Ministério da Educação classificá-lo de obra com finalidades morais — não é bem isso. Será antes o que se costuma chamar um livro 'forte', impróprio para menores e para senhoritas. Há, de fato, no romance, várias passagens escabrosas. O autor — fazendo aliás o que fazem vários escritores modernos do Brasil, como por exemplo Jorge Amado e José Lins do Rego — usa e abusa de expressões populares pesadas, de um realismo muito profundo.

Se tudo isso é verdade, nada justifica entretanto a apreensão do livro realista do nosso distinto confrade. Precisamos acabar com essa mania de falso moralismo. Vamos deixar de catonismos hipócritas em que ninguém acredita. O romance realista é um gênero literário, como outro qualquer. Eu, pessoalmente, não lhe sou simpático. Não vou, porém, ao extremo da intolerância para preconizar autos-de-fé, que não dão nem podem dar resultado.

Deixemos em paz a literatura do sr. Luís Martins. As autoridades que foram incomodadas deviam mandar dizer aos queixantes que a idéia se combate é com idéia. Isso de soltar-se a polícia contra os escritores é desigual e perigoso..."

O NASCIMENTO DO MITO

"Si l'on échoue à saisir le sens véridique d'un mythe, on se trouve acculé à une alternative: ou bien le mythe est une esquisse pré-scientifique, naïve, du monde et de l'histoire, et, au mieux, un produit d'une belle imagination poétique, ou bien — et c'est là l'attitude du croyant orthodoxe — le récit manifeste du mythe est vrai, et on doit le croire comme la restitution exacte des événements qui, effectivement, se produisirent dans la 'realité'."

E. FROMM
Le Langage Oublié

ESTAMOS, DECIDIDAMENTE, em época de minifúndios. O terreno foi dividido ao meio e a parte onde ainda hoje se ergue, majestoso, o velho casarão passou a mãos estranhas. Na outra metade, meu irmão construiu seu bangalô. As árvores plantadas por meu pai cresceram demais. São um pouco mais novas do que eu, mas parecem mais antigas. Tomaram já aquela serenidade imponente, severa e silenciosa, das florestas seculares. A própria casa envelheceu. Tem hoje o aspecto desolado e perturbador de solar mal-assombrado, a dignidade triste de mansão de fantasmas, prestes a entrar nessa fase crepuscular em que o mofo das paredes exala a calma e grave sugestão poética das ruínas.

Escorrem as recordações pelas frestas da insônia. São coisas esfumadas, de um azulado longe, lá nas perdidas campinas da infância. Além, muito além daquela serra...

As lousas do cemitério abrem-se generosamente e restituem ao menino magro, e em perpétua luta com a cabeleira indomável, as vozes de antigamente. A mão de um *metteur-en-scène* invisível modifica todo o cenário, recompondo a atmosfera do tempo extinto.

Um gosto de manga-rosa. Amanhece nos ladrilhos da varanda, há pouco lavada, e um coleirinho do brejo inicia o cântico do novo dia. O espelho do lavatório revela-me um rosto ansioso, ainda manchado de fermentos noturnos, olhos arregalados e surpresos, a boca juvenil entreaberta e sôfrega, impaciente de sorver de uma só vez todos os enigmas da vida. A nitidez do dia desmancha aos poucos a névoa dos sonhos, por onde perpassava, em triunfo, o inatingível mito da mulher nua.

Depois, a criança tornou-se adolescente, ficou homem. Fiquei homem. O velho casarão foi abandonado, esquecido. A mulher nua deixou de ser mito, materializou-se em imagens diversas e transitórias, nas mesquinhas aventuras das noites boêmias, depois de muita conversa fiada, tangos argentinos, pilhas de chope, excursões solitárias por escusos becos, onde mulheres fantasmais ofereciam o amor medido a taxímetro.

E hoje os moços que vivem sob o signo de Ipanema me pedem, como se eu guardasse o segredo das mil e uma noites:

— Conte-nos histórias da Lapa daquele tempo...

Bem, foi divertido, não nego. Até certa hora, era divertido. A angústia, a náusea, o peso da solidão só apareciam lá para o fim da madrugada. Mas por que devo contar histórias da Lapa? Fui um rapaz como todos os outros, e o que aconteceu comigo na Lapa pode acontecer a qualquer um, todas as noites, em Copacabana ou na rua Augusta.

A *belle époque* do Rio acabou justamente quando eu entrei em cena. Não cheguei a conhecer o famoso Mère Louise. Só estive uma vez no, mais que ilustre, eminente Lamas, para saciar a fome da madrugada com um honestíssimo sanduíche. Sou contemporâneo do Amarelinho, um pouco do Vermelhinho. São estas as cores da minha saudade.

Mas a Lapa... Bem, para que denegrir, por uma espécie de pudor retrospectivo, as lembranças fantásticas e nebulosas da nossa inquieta juventude, queimada nas brasas das insônias com chope, música, garçonete, cabaré e poesia? Essas lembranças não me pertencem. São patrimônio comum de alguns homens hoje de cabelos grisalhos, compostura burguesa, nomes ilustres, que inclinam com doçura a cabeça e vagamente sorriem, com melancolia, quando evocam as nuvens esgarçadas e distantes "daquele tempo"... Já houvera a *belle époque*. Já havia uma tradição, uma legenda, uma mitologia e uma pré-história. Mas, assim mesmo, a "nossa" Lapa foi um instante memorável e belo em nossas vidas.

Nossa boemia transpirava — é certo — o ácido veneno da literatura. Quase todos nós conhecíamos os versos dolorosos de Apollinaire:

> "Et tu bois cet alcool brûlant comme ta vie
> Ta vie que tu bois comme une eau-de vie."

A sombra perversa de Baudelaire romantizava a banalidade dos idílios venais:

> "La très-chère était nue, et, connaissant mon coeur,
> Elle n'avait gardé que ses bijoux sonores."

Tanto os *bijoux* como, freqüentemente, a própria *très-chère*, devem ser tomadas menos como realidades palpáveis (o dinheiro era escasso) do que como sugestivas e embriagadoras iluminações verbais, favorecidas pela confusão do local inconfessável e a magia da hora avançada, propícios ambos a essas licenças poéticas, que brotavam, como estranhas flores de absinto e de retórica, nos prosaicos copos de cerveja largamente consumida *en ce bourdeau où tenons notre état*. (Sabíamos e praticávamos também o nosso Villon.)

O NASCIMENTO DO MITO

Eu sonhava traduzir o *Bubu de Montparnasse*, de Charles-Louis Philippe, e colecionava sensações para a feitura de um romance que, depois de publicado, iria ter uma história bem mais romanesca do que ele próprio.

Não, não é esse Rio noturno, sem praia e sem verdadeiro amor, que eu desejaria rememorar. Não é essa a aventura de *buenas dichas* frustradas que se insinua nos desfiladeiros do sonho e nos clichês corroídos da memória, criando a miragem do Paraíso perdido. Não sei histórias da Lapa. Sei apenas a simples história de um menino.

"Il y a une horloge qui ne sonne pas.
Il y a une fondrière avec un nid de bêtes blanches
Il y a une cathédrale qui descend et un lac qui monte."

Isto decorei depois. No tempo, Rimbaud ainda não era ingrediente com responsabilidade na intoxicação literária. Esse adolescente só os homens maduros entendem e amam. *Une horloge qui ne sonne pas.* É toda a mitologia da infância, essa enganadora imobilidade do tempo, que parece adiar eternamente o advento da era heróica das conquistas, entrevista confusamente nos espreguiçamentos voluptuosos do sexo, no tumulto erótico dos sonhos, na mórbida exaltação dos devaneios, na perplexidade, na comoção, no pavor da perda irreparável da inocência edênica em face das tentações satânicas da Árvore do Bem e do Mal. É a hora convulsa do nascimento de Vênus.

Fui o maior poeta romântico do meu tempo. Sonhei os mais belos poemas do mundo, que — *hélas!* — jamais foram escritos. Sob o signo da serpente.

"E aconteceu depois que Jesus caminhava por cidades e aldeias, pregando e anunciando o Reino de Deus; e os doze com Ele.

"E também algumas mulheres, que Ele tinha livrado de espíritos malignos e de enfermidades: Maria, que se chama Madalena, da qual Jesus havia expelido sete demônios."

E assim nasceu o mito poético em minha vida. Essa exaltação, essa piedade e essa ternura, essa complacência com o pecado, explicam toda a posterior aventura lapiana e o romance que então escrevi. Nunca me senti tão humano, tão apostolar. A minha experiência política (tão breve!) foi uma continuação desse estado de espírito. Entrei para o socialismo pela porta noturna de um bordel. Petrificado de pasmo e compaixão. A prostituição foi o primeiro aspecto da miséria humana que conheci.

De tudo isso, restam hoje apenas dois ou três exemplares envelhecidos de um livro cuja edição a polícia apreendeu (acusando o autor de comunismo). O que me interessa não é esse romancista frustrado. É o menino anterior a ele. É o cenário da sua infância. A aurora na varanda, um gosto de manga-rosa, um pássaro iniciando o cântico do dia. E no espelho, um rosto juvenil, de olhos perplexos, tentando decifrar os enigmas da vida.

A DESCOBERTA

"J'ai découvert Montmartre, un soir de neige, au début de 1910, en sortant du metro, place Clichy."

FRANCIS CARCO
Montmartre à vingt ans

NÃO SABERIA DIZER precisamente quando, nem como, eu descobri a Lapa. A tantos anos de distância, seria difícil acompanhar todos os passos de um magro adolescente, quase menino, vago estudante de preparatórios, de olhos saltados e cabeleira revolta, em suas fugazes excursões, inquietas e febricitantes, pelas ruas pecaminosas das vênus de aluguel que se disseminavam, em bairros secretos, pela cidade.

A Lapa era um deles. Na rua Joaquim Silva, no famosíssimo beco dos Carmelitas, que dava para a praia, todas as casas eram lupanares, abertos e em plena atividade noite e dia, sem, entretanto, aquele aspecto sórdido e turbulento de mercado oriental, de feira livre afrodisíaca, que tão triste celebridade daria ao futuro Mangue. Na rua das Marrecas, o comércio do amor venal fazia-se mais discretamente durante o dia, e à noite as calçadas se agitavam num intenso *trottoir*, que ia desaguar no famoso bar que ficava na esquina da rua do Passeio, cujo verdadeiro nome eu nunca soube, mas era conhecido por um apelido obsceno e brutal, impróprio a ser aqui transcrito, embora, com todas as letras, figure no *Lapa*.

Referindo-se ao Rio de Janeiro de 1910, Gilberto Amado conta, em suas memórias:

"À Galeria Cruzeiro, as mulheres que haviam tomado o bonde à entrada do beco (dos Carmelitas), onde o veículo parava naturalmente como se fosse ponto obrigatório, desciam, misturadas às moças de família que vinham para o cinema Odeon ou para se dirigirem aos teatros da praça Tiradentes e rua do Lavradio." E Gilberto observa: "A cocote, como a hetaira na Grécia e a gueixa no Japão, estava no centro da vida."[3]

O Rio de 1923, 24 e 25, período da minha adolescência, não seria exatamente o mesmo de 1910; a prostituição já fora erradicada das ruas mais centrais (Senador Dantas, Sete de Setembro), mas a cocote permanecia no centro da vida, embora talvez sem todo o prestígio e a influência

---

[3]Gilberto Amado. *A mocidade no Rio*, Rio de Janeiro, José Olympio, 1956.

da *belle époque*. E, naquele tempo, quem dizia cocote queria dizer, principalmente, francesa.

Albert Londres, num livro célebre,[4] revelou as tortuosas atividades da *traite des blanches* organizada com a disciplina de um mecanismo comercial destinado a alimentar, com material humano colhido em terras de França, o grande mercado afrodisíaco de Buenos Aires. A América do Sul era, por essa época, a "terra do ouro" do meretrício internacional — onde o Rio de Janeiro, praça de segunda classe, figurava como uma espécie de sucursal de Buenos Aires. Nem todas as "francesas" do beco dos Carmelitas seriam francesas de fato, mas tão grandes eram o prestígio e a sedução do título que todas se diziam compatriotas de Marion Delorme e Ninon de Lanclos...

Para os meus quinze, dezesseis anos exuberantes de cobiça erótica, mas lamentavelmente desprovidos de pecúnia, essas beldades transatlânticas constituíam um doloroso suplício de Tântalo... Elas me fascinavam. Passando pela calçada, eu as via, através das portas abertas, no pequeno saguão das casas, que eram todas iguais, em lânguidas atitudes de odaliscas, sonolentas e fatigadas das atividades noturnas da véspera. Porque só de dia me era dado contemplá-las, visto

---

[4]Albert Londres. *Le chemin de Buenos-Aires: La traite des blanches*, Paris, Albin Michel, 1927.

não ter a chave da casa nem o consentimento de meu pai para ficar até tarde da noite na rua. Na rua Joaquim Silva, as nacionalidades eram variadas (até japonesas havia) e na Morais e Vale predominava o elemento nacional.

Mil novecentos e vinte e cinco, vinte e seis, vinte e sete... Por esse tempo, nessas mesmas ruas, Simão, diletante de ambientes, explorava a magia noturna roçando "portas misteriosas" e, numa noite de chuva, iria encontrar imprevistamente um eco da perdida infância num quarto barato de prostituta. Mas eu, simples estudante de preparatórios, não conhecia ainda Ribeiro Couto, nem o seu personagem.

"Deu-me vontade, então, de passar pela rua Morais e Vale. Uma rua de mulheres perdidas, numa noite de chuva, é triste, infinitamente. Poças d'água refletem os lampiões. Trechos de cantigas saem pelas gretas das venezianas cerradas. Não se vê ninguém."[5]

Simão, diletante de ambientes! Como eu me sentiria igual a ele, se o conhecesse, logo que comecei a sair à noite, em intermináveis perambulações pelas ruas da Lapa, aí por volta de 1925 ou 26, depois que me empreguei (estava terminando o curso de preparatórios) e dispunha de relativa liberdade e algum dinheiro.

---

[5]Ribeiro Couto. *Baianinha e outras mulheres*, Rio de Janeiro, Civilização Brasileira S.A., 1933.

A DESCOBERTA

"As primeiras portas misteriosas. Principiei a sofrer. O amor... Dentro de mim começou a estranha sensação pungente. Ninguém podia adivinhar, na minha sombra, uma dor ambulante, a dor especial e saborosa de sentir o ambiente."

Simão resolvera essa excursão pela rua Morais e Vale depois de perder duzentos mil-réis num "clubezinho reles da Lapa". Era o tempo dos "clubes", os grandes "clubes" da rua do Passeio, onde se jogava abertamente, bebia-se, namorava-se... O próprio Ribeiro Couto, voltando muitos anos depois à Lapa, faria a eles uma alusão saudosista:

"Para saber se sou eu mesmo que habito dentro do mesmo corpo, aqui estou, à uma da madrugada, na esquina da rua Maranguape. São outras as luzes vermelhas das tabuletas; o que nós dizíamos 'clube' há mais de vinte anos, agora se diz *dancing*. Não têm, esses *dancings*, aquele estilo dos Políticos, do Palace, que davam à rua do Passeio uma fisionomia de boemia ilustre; 'clubes' em que havia jogo e palco, mas onde principalmente se viam deputados benévolos, enamorados de cantoras e dançarinas que bebiam champanhe. Os cassinos das praias absorveram a clientela de luxo destes imarcescíveis sítios. O que ficou foi o pessoal menor."[6]

Evidentemente, esses "clubes" não eram freqüentados por mim. Nunca entrei em nenhum. Talvez nem soubesse

---

[6]Ribeiro Couto. *Barro do município*, Anhambi, 1956.

de sua existência. E quando, muitos anos depois, cerca de dez, as minhas posses me permitiriam a sua freqüentação, já eles tinham desaparecido; era o tempo dos cassinos, que aliás também freqüentei pouco. Nunca tive grande atração pelo jogo.

* * *

Minhas farras, por essa época, eram solitárias. Tinha poucos amigos e estes não possuíam gostos iguais aos meus. Sozinho — isto depois que me empreguei — eu me dirigia, às vezes, para a Lapa, tomava um chope ou uma cerveja, rumava para aqueles lugares que os franceses chamavam *rues chaudes* desde o tempo de São Luís...

Mas não me demorava muito, porque tinha de trabalhar no dia seguinte, morava longe e meu pai dava a bronca quando eu chegava em casa tarde. Só uma vez ou outra, geralmente aos sábados, demorava-me mais, prolongando a esbórnia solitária até as primeiras horas da madrugada. Então, emocionado, com a excitante sensação de estar praticando um ato proibido e ao mesmo tempo de descobrir um mundo estranho, secreto e pecaminoso, eu entrava naquele extraordinário bar a que já me referi, de nome obsceno, que ficava na rua do Passeio, esquina de Marrecas, cuja atmosfera humana me fascinava — e aí me demorava horas, tomando cerveja ou outra bebida qualquer, entre notívagos, boêmios, malandros, marinheiros, mulheres...

No *Lapa,* eu me refiro a "uns restos de cafés-cantantes" que havia no tempo da minha adolescência na Lapa. "Mulheres estrepíssimas cantando ao som de pianos agonizantes."

Na verdade, lembro-me de um apenas, mas a lembrança é tão enevoada, confusa e tênue que às vezes me ponho a cismar se não sonhei... Não, sonho não foi. Essa noite — mas tão distante! — aconteceu. Julgo até mesmo lembrar-me exatamente do local onde existiu esse remanescente — deveria ser o derradeiro — dos cafés-cantantes dos tempos de João do Rio e Arthur Azevedo: na esquina da rua Joaquim Silva com Morais e Vale. Não estarei enganado?

Foi em 1926? 27? Recordo-me é que chovia, eu estava todo molhado, passava pela rua, ouvi música, empurrei uma porta, entrei. Pedi um conhaque. (Ou um vermute?) Quase não havia ninguém. Uns sujeitos com aspecto entediado e sonolento bebiam, em outra mesa, talvez à espera de que a chuva cessasse. Havia um piano, um pequeno estrado, ou palco, uma mulher que cantava... Uma outra surgiu não sei de onde, veio sentar-se à minha mesa, pediu-me que lhe pagasse uma bebida qualquer...

Eu estava emocionadíssimo.

— Como em Paris... — ingenuamente pensava, com a cabeça atulhada de leituras francesas. Ah! Simão, diletante de ambientes!...

Lembro-me de tudo vagamente. Já muitas vezes, a companheiros da minha idade, ou a outros mais velhos, que conheceram a Lapa antes de mim, tenho perguntado se acaso se recordam desse lugar estranho, que tão funda impressão deixou em mim. Ninguém se lembra de nada. Entretanto, tenho certeza de que não sonhei.[7]

---

[7] Esse antro noturno realmente existiu e chamou-se Bar Olímpia. Ribeiro Couto a ele se refere no livro *A cidade do vício e da graça* (capítulo "A alma viciosa da Lapa").

A BELLE ÉPOQUE

"A janela estava aberta. Para o que não sei, mas o que entrava era o vento dos lupanares..."

MANUEL BANDEIRA
Noturno da rua da Lapa

NUM ARTIGO sobre José do Patrocínio Filho publicado na imprensa de São Paulo e posteriormente, juntamente com outros, coligido em livro,[8] eu afirmei que a *belle époque* brasileira terminou em 1930. Que me seja permitido resumir aqui o que então escrevi:

Ao contrário do que aconteceu na Europa — dizia eu —, no Brasil, país de economia rudimentar, que até bem pouco tempo tudo importava —, tanto os artigos de consumo utilitário como as idéias, chegadas com enorme atraso —, a *belle époque* foi um reflexo tardio da européia, tendo durado até 1930, ano da revolução política que derrubou a

---
[8]Luís Martins. *Homens & livros*, São Paulo, Conselho Estadual de Cultura.

República Velha e fez sentir, com maior dramaticidade, os efeitos da grande crise do café.

O Rio começou a civilizar-se, a urbanizar-se, a adotar uma sensibilidade e uma aparência de metrópole moderna, uma trepidação de "cidade tentacular", com as grandes obras de Pereira Passos. A transformação urbanística influiu nos costumes e, de um modo geral, em toda a estrutura social. Um precário e, até certo ponto, ilusório florescimento econômico e financeiro — o café na alta, possibilitando as primeiras tentativas da nossa revolução industrial — mantinha uma atmosfera de euforia generalizada. A própria Grande Guerra — em que não tomamos parte efetiva — nos foi benéfica, abrindo-nos mercados que de outra forma não poderíamos conquistar. A *belle époque* brasileira (ou carioca, se o quiserem) são os vinte e cinco anos que vão do governo de Rodrigues Alves à deposição de Washington Luís.

No tempo, portanto, em que eu, meninote e adolescente, me perdia em excursões solitárias pelas ruas da Lapa, essa *belle époque* ia chegando ao fim. Ora, mais ou menos exatamente nesse período, um grupo ilustre, que reunia algumas das figuras mais brilhantes e expressivas do modernismo brasileiro, antes e depois da Semana de Arte Moderna, enchia, com o tumulto de sua mocidade inquieta, os clubes noturnos, os cabarés, os botequins, as *rues chaudes* do famoso bairro.

A BELLE ÉPOQUE

Eu tenho para mim que foi esse grupo que verdadeiramente "descobriu" a Lapa e criou a sua legenda romântica de versão montmartriana dos trópicos. Uns dez anos antes de nós. Chamavam-se, esses boêmios de talento, Raul de Leôni, Ribeiro Couto, Jaime Ovalle, Caio de Mello Franco, Di Cavalcanti, Oswaldo Costa. Nos últimos tempos, Sérgio Buarque de Hollanda e Dante Milano, os benjamins da turma. E, em fugazes aparições, aparece, esquivo, intermitente e raro, porque a saúde frágil e comprometida não lhe permitia excessos de vida desregrada, Manuel Bandeira, que morava no Curvelo, no morro de Santa Teresa, a cavaleiro da Lapa e a ela ligado por uma rua — a rua Manuel Carneiro — que não passa de uma íngreme escadaria. Aliás, Ribeiro Couto já morava no Curvelo, antes mesmo de para lá se mudar o grande poeta de *Libertinagem*, o que este fez em 1920, depois que perdeu o pai. ("Veio então para perto de mim, três casas adiante", informa Ribeiro Couto.)

Quando esse grupo apareceu, a Lapa não tinha uma tradição artística e intelectual. Não era ainda o Montmartre carioca. Aliás, é curioso observar-se como os cronistas do começo do século pouco se ocuparam dela. No *Cinematógrafo*, numa ampla e pitoresca reportagem sobre a decadência dos "chopes", João do Rio fala em "alguns estetas" que, "imitando Montmartre, tinham inaugurado o prazer de discutir literatura e falar mal do próximo nas mesas de mármore do Jacob". Este Jacob parece ser aquele Jacob Wendling a que se refere Luís Edmundo em *O Rio de Janeiro do meu tempo*, e seu estabelecimento, o famoso Braço de Ferro, que começou na rua da Assembléia e depois mudou-se para a rua da Carioca.

"Por esse tempo a Ivone, mulher barítono, montou o seu cabaré satânico na rua do Lavradio, um cabaré com todo o sabor do vício parisiense, tudo quanto há de mais *rive gauche*, mais *butte sacré*."[9]

Chamava-se Chat Noir. O Chat Noir e o Jacob "foram as duas correntes criadoras do 'chope' nacional. As primeiras casas apareceram na rua da Assembléia e na rua da Carioca".

Muitos desses "chopes", ou "chopps", como então se escrevia, degeneraram em breve, em virtude da concorrência que obrigava os seus proprietários a inventar sempre atrações novas como chamarizes do público, numa espécie de café-cantante, em geral com um pequeno estrado no fundo, onde se exibiam artistas populares, em números de canto e dança.

Comentando, em 1908, a decadência desses estabelecimentos, que começavam a sair da moda, João do Rio diz que anos antes eles proliferavam na cidade por toda a parte,

---

[9] João do Rio, *Cinematógrafo* (Crônicas cariocas), Porto, Chardron, 1909.

mas principalmente na rua do Lavradio, onde havia "um estabelecimento atrás do outro, e a praga invadira pela rua do Riachuelo a Cidade Nova, o Catumbi, o Estácio, a praça Onze de Julho..."

Ora, a rua do Lavradio, onde existira o Chat Noir e depois floresceram tantos "chopes", fica nos limites da Lapa, mas não é a Lapa propriamente dita. Sobre esta, João do Rio não diz uma palavra.

É verdade que Luiz Edmundo refere-se ao "chope-berrante das ruas do Lavradio, Visconde do Rio Branco, Lapa e adjacências", mas apenas de passagem. E cita um *music-hall*, "o Alcazar Parque, para os lados da Lapa no Beco do Império".[10]

Por esse tempo, já existiam os famosos "clubes" noturnos, alguns dos quais — e dos mais conhecidos — ficavam na rua do Passeio, próximo à Lapa. Mas da Lapa, mesmo, o que se sabe é que era zona da prostituição, aliás um pouco espalhada por toda a cidade, mesmo nas ruas mais centrais, nesse tempo em que "a cocote era o centro da vida". Eu próprio, se já não a alcancei na rua Sete de Setembro, ainda a vi, escancarada, na rua Silva Jardim, aos fundos do Teatro São José (na praça Tiradentes), nas ruas Vasco da Gama e

---

[10]Luiz Edmundo. *O Rio de Janeiro do meu tempo*, Rio de Janeiro, Conquista, 1957.

Tobias Barreto, zonas de meretrício barato. Foi com esses mananciais que se formou a caudal do Mangue.

A Lapa era ainda lugar de gente valente, refúgio da malandragem boêmia, o "pessoal da lira", como então se dizia, equívoca sociedade de desordeiros, baderneiros, navalhistas e sambistas:

> Na Lapa
> Que garapa!

cantava-se aí pelo início do século.

A boemia literária do tempo de Bilac, além da Colombo, do Pascoal e do Castelões, bares vespertinos, reunia-se, à noite, em cervejarias e "clubes" da praça Tiradentes e adjacências; a do tempo dos simbolistas, quando muito, seria *habituée* dos "chopes" e cafés-cantantes da rua do Lavradio.

A Lapa não era bairro literário.

A feição de Montmartre em miniatura surgiu, assim, aí pelo início da década de 1920, ou fins da anterior, nos anos da mocidade boêmia de Raul de Leôni, Jaime Ovalle, Ribeiro Couto, Di Cavalcanti, etc. Em alguns desses homens, a lembrança desses dias felizes perdurou para sempre. A Lapa sublimou-se em imagem de um paraíso perdido. Em Ribeiro Couto, por exemplo. Ou em Di Cavalcanti, que viria a celebrá-la num longo poema dedicado a Jaime

A BELLE ÉPOQUE

Ovalle e que constitui quase todo o capítulo intitulado "A minha Lapa carioca dos vinte anos", do seu livro de memórias:[11]

(...)
Pertencíamos à boemia artística
E não compreendíamos os malefícios que nos cercavam.
Éramos anjos das madrugadas
Quando dizíamos docemente,
À beira das rótulas,
Belos segredos de amor às prostitutas.

Ah! Quanta insistência lírica
Pagara nosso amor de vagabundos!
Saudade,
Saudade de Violeta,
Aquela branca mulher grande como um cavalo.

O bordel da Elvira
Na rua do Riachuelo,
Antro do maestro Villa-Lobos.

Villa-Lobos transpirando genialidade
Improvisando sonatas num piano.

---

[11] E. Di Cavalcanti. *Viagem da minha vida. O testamento da alvorada*, Rio de Janeiro, Civilização Brasileira, 1955.

> Noites cheias de flores mortas
> Envolvendo velhos espelhos
> Com borboletas de seda,
> Almofadas de cetim,
> Alcalóides.
> (...)

Sim, os alcalóides andavam em moda, e não havia representante da *jeunesse dorée*, ou boêmio mais ou menos intoxicado de literatura, que não ostentasse esse vício chique. Aí por volta de mil novecentos e vinte e tantos, os entorpecentes constituíam material de resistência dos romances sensacionalistas e de uma certa forma de poesia que se chamou "penumbrista", inspirada na legenda dos paraísos artificiais, cantando o morno silêncio das alcovas onde se espreguiçavam estranhas criaturas picadas de morfina, numa vaga atmosfera de essências orientais... O Rio (é o título de um livro de Ribeiro Couto) era "a cidade do vício e da graça".

Nós fomos menos requintados. No nosso tempo de boemia na Lapa, os alcalóides não andavam dando sopa por aí, pois a repressão ao tráfico e comércio de entorpecentes se fazia com grande rigor. E, como tudo que é proibido é caro, o que se vendia no mercado clandestino estava acima das nossas posses. Aliás, nunca nos interessamos por essa espécie de vício. Que eu saiba, nenhum dos nossos companheiros procurou o prazer dos paraísos artificiais. Não me lembro de nenhum que fosse viciado em cocaína, morfina, heroína, ou outro tóxico qualquer. O que nós tomávamos era chope. E, às vezes, uísque.

* * *

Voltemos à *belle époque*, porém. Naquele grupo de boêmios inteligentes, uma das figuras mais surpreendentes foi certamente Jaime Ovalle. Há todo um anedotário pitoresco e por vezes banhado de estranha e penetrante poesia tecido em torno desse homem, que não era um poeta profissional, pois raros versos deixou (e — curioso! — só em inglês), mas parece ter vivido em estado permanente de possessão poética.

Sem lhe citar o nome (chama-o "o místico"), Manuel Bandeira dedica-lhe um capítulo das *Crônicas da província do Brasil*, que começa com uma evocação da velha Lapa:

"Para compreender a Lapa, é preciso viver algum tempo nela e não será qualquer que a compreenda. Para falar nela e fazer-lhe sentir todo o prodigioso encanto, só um Joyce — o Joyce do *Ulisses*, com a sua extraordinária força de síntese poética. Basta dizer que a Lapa é um centro de meretrício todo especial (onde vivem as mulatas mais sofisticadas do Rio) e esse meretrício se exerce no ambiente místico da velha igreja e convento dos franciscanos. A igreja não é bela e não tem exteriormente nada que desperte a atenção artística. No entanto, nenhuma outra no Rio terá a sua influência de sugestão religiosa. (...)

Era esta Lapa que em certas madrugadas transtornava de tal modo o nosso místico, que ele tinha de se agarrar a um poste para dizer baixinho: 'Meu Deus, eu morro!'"[12]

É bem possível que numa dessas madrugadas eu, tímido e esquivo adolescente, andando sozinho pela Lapa, tenha visto Ovalle, Bandeira, Di, Ribeiro Couto... Não saberia dizê-lo. Ovalle, aliás, muito pouco conheci. Mas dos outros vim a tornar-me amigo, com o correr do tempo. Principalmente de Di Cavalcanti e Ribeiro Couto.

Muitos anos depois, e através de tantos outros, quantas noites mágicas de conversa e uísque consumiria eu em companhia de Di Cavalcanti, em São Paulo ou no Rio! Quantas pequenas ou grandes farras fizemos juntos! E com Ribeiro Couto, no mesmo Rio ou em Paris, quantas horas agradáveis passei, bebendo vinho ou conhaque, a discutir literatura!

Que me lembre, entretanto, nem uma única vez sequer na "nossa" Lapa, na Lapa que fora deles primeiro e depois

---

[12]Manuel Bandeira. *Crônicas do província do Brasil*, Rio de Janeiro, Civilização Brasileira, 1937. Na *Estrela da tarde*, o grande poeta dedica uma poesia a Ovalle: "Tu, Santo da Ladeira e pecador da rua Conde de Lage, [Que de madrugada te perdias na Lapa e sentavas no meio-fio para chorar]".

passara a ser minha. Em 1933, quando o conheci, Couto, casado e em estágio no Itamarati, preparando-se para tomar posse de sua cadeira na Academia Brasileira de Letras, já não repetia as aventuras de Simão, diletante de ambientes à sombra dos velhos Arcos. E Di estava na Europa.

Do seu grupo, do grupo da *belle époque*, anterior à República de 1930, apenas Dante Milano, anos depois, iria incorporar-se ao nosso, como um sorridente traço de união entre as duas gerações.

Sérgio Buarque de Hollanda e eu, residindo ambos em São Paulo, somos hoje muito amigos. Nossas famílias se dão e se freqüentam. Não fomos companheiros da Lapa, embora, já no meu tempo, ele ainda aparecesse, antes de se casar, uma ou outra rara vez em seus bares e restaurantes. Lembro-me de tê-lo visto apenas uma noite — e de longe.

Às vezes, em sua casa ou na minha, diante de um ameno uísque, que ambos ainda sabemos apreciar, evocamos, em longas conversas, esse tempo distante de boemia e juventude. Mas as nossas recordações não são as mesmas...

INICIAÇÃO

"Fui um rapaz triste e moreno, que procurava no ar vazio das madrugadas o mistério perdido."

Do romance *Lapa*, do autor

INTEIRAMENTE desconhecido nos meios literários, resolvi publicar, em 1928, um livrinho de versos absolutamente insignificantes, intitulado *Sinos*. Hoje, essa tolice me faz corar. Mas o certo é que, na época, teve as suas críticas favoráveis — levando-se em conta, como circunstância atenuante, a juventude do autor — e relacionou-me em certos meios artísticos e literários.

Logo depois, alguém me apresentou a Leônidas de Resende, que secretariava o *Diário Carioca* e que me convidou a publicar no jornal de Macedo Soares, recentemente lançado, uma crônica diária, assinada. Iniciava eu, portanto, aos vinte e um anos, a carreira jornalística, fazendo a mesma coisa que ainda hoje faço.

As crônicas tornaram-me muito mais conhecido do público do que o livro. Lembro-me de que o meu velho amigo

Álvaro Cotrim, o popularíssimo caricaturista Álvarus, que conheci por esse tempo, disse-me, ao me ser apresentado: "Você começa por onde os outros acabam..." Ai de mim! A vida está cheia desses equívocos, que ela própria se encarrega de retificar... A verdade é que, tantos anos depois, estou acabando exatamente como comecei...

Pouco freqüentei a Lapa, nesse período. Relacionando-me com gente de teatro, penetrei então, pela primeira vez, nos bastidores, desvendando um mundo novo, que me fascinava.

Conheci atores, escritores, artistas, jornalistas, e toda uma estranha corte de criaturas indefiníveis, indivíduos sem profissão conhecida, vagamente ligados, por obscuras e misteriosas raízes, àquele meio: artistas em disponibilidade, repórteres desempregados, *ratés*, facadistas e vários gênios irrevelados. Todos com um grande ar de quem está muito satisfeito com a vida, mas no fundo tudo aquilo era falso, fictício e deplorável.

Havia, sem dúvida, os vitoriosos, com o aspecto próspero, ostentando charutos caros e roupas impecáveis; a maioria, porém, disfarçava penosamente, sob a blague e as maneiras desenvoltas, uma aflitiva miséria dourada.

Apesar da minha ingenuidade de neófito, não me foi difícil descobrir, depois de algum tempo de convívio com aquela gente, sob a aparência brilhante, a dura e triste realidade. Mas tudo era novo, excitante e diferente para mim. A minha perplexa candidez fazia sorrir com maliciosa indulgência os veteranos, velhos cavalos de batalha endurecidos,

INICIAÇÃO

calejados, naquela vida e naquela atmosfera equívoca, em que se misturavam aromas diversos — suor, filé com fritas, fumo de charuto, pó-de-arroz, perfume de mulher. Da minha convivência de bastidores, entre atrizes e coristas, logo brotou a flor de uma aventura, que durou pouco.

Para um rapaz solteiro, que tinha casa e comida (morava com a minha família), eu ganhava razoavelmente. Meu pai era gerente de uma importante companhia de seguros (depois passou a diretor) e empregara-me no mesmo ramo. Minha situação era boa. Terminara o curso de preparatórios. Ia fazer o vestibular de Direito. Mas o que me agradava, mesmo, era levar o que eu julgava ser a "vida de intelectual".

Às cinco da tarde em ponto, deixava o escritório, ia correr sebos e livrarias; às seis e meia, sete horas, metia-me no bar do Palace Hotel (o grande, o famoso hotel da avenida Rio Branco), para o aperitivo, entre políticos, jornalistas, boêmios e cocotes, muitas cocotes. À noite, postava-me à porta do Teatro Trianon, onde pontificava Procópio Ferreira, em pleno apogeu de sua carreira, para o invariável bate-papo com os *habitués* infalíveis da casa... Freqüentava ateliês de artistas, não perdia recital de declamação, que era a grande praga do tempo, fazia um pouco de vida social. Transformara-me, dos pés à cabeça, em promissor "intelectual da nossa praça"...

Nessa toada vivi o ano de 1928 e quase todo o de 29.

* * *

Já para o fim de 1929, tudo aquilo começava a me fatigar, a me encher de tédio. No fundo, aquelas intermináveis lenga-lengas de café não levavam a nada. Aquela vidinha era a mais vulgar, a mais cinzenta, a mais opaca possível. Simão, diletante de ambientes, começava a agitar-se dentro de mim, irritado e impaciente, concitando-me a novas aventuras. Tive saudade da Lapa... E uma noite, sozinho, toquei-me para o velho bairro.

Na rua Visconde de Maranguape, quase chegando ao largo, havia um novo bar. Nesse tempo, creio eu, ainda não se chamava Túnel da Lapa; penso também que era menor; se a minha memória não me trai, mais tarde, ao tomar a nova designação, é que ele foi ampliado para os fundos, formando então aquele estreito corredor que, naturalmente, sugeriu a designação de túnel. De tudo isto, porém, não tenho muita certeza. O que sei é que era um bar de garçonetes — o primeiro bar de garçonetes que eu via em minha vida — e que, à primeira vista, me conquistou. Aliás, a rigor, não era um bar de garçonetes no plural, porque havia apenas uma. Loiríssima, sorridente, alígera, falava com forte sotaque alemão ou húngaro, creio que húngaro, e com muita graça sentou-se à minha mesa, pegou minha mão, assegurou que tinha muito prazer em conhecer-me — e sugeriu que eu lhe oferecesse um vermute. Ofereci.

Esse bar, depois de ampliado, provido de restaurante, música e outras garçonetes, iria ser um dos cenários prediletos das nossas noitadas na Lapa. Digo "nossas", referindo-me aos

INICIAÇÃO

companheiros daquele tempo, alguns dos quais a estreita convivência daquelas noites de boemia e exaltação lírica iria transformar em amigos fraternais, dos melhores, dos mais leais, dos mais queridos que tive a felicidade de conservar até hoje, através de tanto tempo passado e tanta vida vivida! Não é verdade, Raimundo (Magalhães Júnior)? Não tenho razão, Odylo (Costa, filho)? Outros morreram. Alguns dispersaram-se. Mas todos permanecem na minha afeição e na minha saudade.

Esta evocação, todavia, é prematura. Estamos ainda em fins de 1929, ou começo de 30 — e nesse tempo eu bebia chope sozinho, num bar da Lapa, ao lado de uma garçonete loura. Não tinha companheiros. Meu vizinho de todas as noites, em outra mesa, era o Vila.

Cumprimentávamo-nos, de longe. Às vezes, ele me dirigia a palavra, para comentar o gosto do chope ou uma frase qualquer da garçonete com uma cordialidade fria, distante e vagamente desdenhosa, com essa superioridade condescendente com que uma pessoa mais velha se dirige a uma criança. Era um tipo alto, espadaúdo, atlético, o rosto moreno talhado em linhas duras e viris. O Vila era um dos malandros mais temíveis da Lapa — o único que realmente conheci —, com uma fama terrificante de valente e desordeiro. Diziam que tinha várias mortes no seu passivo e que não cochilava para riscar um homem à navalha. Parece que cumprira pena pela prática de crimes que nunca tentei averiguar. Quando se embriagava, ficava turbulento e provocador, roncando grosso e desafiando a todo o mundo. A mim, entretanto, jamais incomodou. Uma vez mesmo chegou a aconselhar-me que me retirasse, porque "a coisa não estava boa" — parece que esperava barulho. O tipo me aterrorizava, mas ao mesmo tempo fascinava-me. Parecia um personagem de romance de *bas-fond*...

Um dia li num jornal que tinha morrido. Assassinado, ao sair do bar a que ia todas as noites, depois de uma briga...

* * *

Este é um ponto que desejo, desde logo, deixar esclarecido. A Lapa sempre teve — e creio que tem ainda hoje — uma lamentável fama de lugar perigoso, antro de malandros, bandidos, desordeiros, marginais, onde o "rolo", como se dizia antigamente, ou o "rififi", como hoje se diz, explode em cada esquina — e o cidadão pacífico e desprevenido, que se perde por aquelas paragens, arrisca-se a levar uma facada sem saber por quê, ou um tiro sem saber de onde.

Durante anos, eu freqüentei quase todas as noites a Lapa, bebi em seus bares, dancei em seus cabarés, perambulei por seus becos — e nunca vi nada disso. Brigas, brigas de bar que sempre acontecem em toda a parte, eram muito menos freqüentes do que se possa imaginar. Lembro-me especialmente de uma; mas esta é uma história fantástica, extraordinária, inverossímil, que será narrada em seu devido tempo.

A GRANDE ÓPERA

"Ó Lapa, o que tu és, é a grande ópera."

DI CAVALCANTI

TENHO TIDO altos e baixos, mas os anos mais duros da minha vida foram os de 1931, 32 e 33. Larguei o emprego. Queria viver da pena, dedicar-me inteiramente ao jornalismo e à literatura, mas o pior é que me indispusera com Leônidas de Resende, deixara de escrever crônicas, não arranjava trabalho em jornal, não encontrava editor para os meus livros, que aliás também não fazia, ou melhor, começava a escrever, mas parava no meio. Apesar de ter feito o exame vestibular na Faculdade de Direito, eu não me interessava pelo curso, não estudava, não ia às aulas. Na realidade, eu não fazia nada.

Passava por uma crise de perplexidade e desajustamento, tumultuada por violentos acessos de angústia, uma extremada exarcebação da sensibilidade, que se exteriorizava em manifestações de um ceticismo irônico, um cinismo *blasé* e uma grande facilidade de me comover até as lágrimas. E de rir também. Mas a minha alegria, que se manifestava freqüentemente em explosões de tagarelice (a muita gente eu parecia um sujeito alegríssimo), era, às vezes, no fundo, falsa e contrafeita. Foi um período confuso, incerto e perigoso da minha vida: andei beirando tenebrosos e insondáveis precipícios.

Bebia como um desesperado. Trocava a noite pelo dia. Meu pai, inquieto e desgostoso com o rumo que as coisas iam tomando, não podia admitir tamanho desregramento; era demasiado tolerante para assumir uma atitude drástica, mas acabou brigando comigo. Apesar de morarmos sob o mesmo teto, eu o via raramente. Isto complicava muito a minha situação, porque eu não tinha dinheiro e não podia contar com o seu auxílio. Minha mãe é que, com os seus próprios recursos, ajudava-me como podia.

Meu pai tinha toda a razão. Não era só ele que se inquietava com a minha sorte. Muitos anos depois de passado tudo isso, R. Magalhães Júnior me confessaria:

— Você nos preocupava muito, naquele tempo. Todos nós, seus amigos, o considerávamos um caso perdido...

Entretanto... Como é contraditória e caprichosa a alma dos homens! Se hoje me perguntassem: "Se você pudesse refazer a vida, dela eliminaria esse trecho?", sem hesitar, eu responderia que não. Foi, sem dúvida, uma experiência dilaceradora e dura, mas que me trouxe um grande enriquecimento interior — e, quando tudo passou, uma espécie

A GRANDE ÓPERA

de paz comigo mesmo, que me ajudou a melhor compreender, aceitar e perdoar a vida.

Além disso, foi nesse tempo que conheci e me liguei, em estreita camaradagem, que perdura através dos anos, a Odylo Costa, filho, R. Magalhães Júnior, Dante Costa, Deocleciano Martins de Oliveira; foi por esse tempo que conheci Santa Rosa, Márcio Reis, Martins Castelo, Amadeu Amaral Júnior, que estão mortos; mortos estão também Carstens e Marcelo Rizzi, mas estes são posteriores; foi nessa época que me aproximei de Joaquim Ribeiro e Teodemiro Tostes; foi então, ou pouco depois, que me tornei amigo de Carlos Lacerda, Jorge Amado, Francisco de Assis Barbosa, Murilo Miranda, Henrique Pongetti, Valdemar Cavalcanti, Rubem Braga, Newton Freitas, Moacir Werneck de Castro, Genolino Amado, Clóvis Ramalhete, Lúcio Rangel, Dante Milano — que todos (salvo erro ou omissão) foram comparsas, em maior ou menor escala, da grande ópera que se representou na Lapa, na agitada década de 1930. Vieram outros depois: Henri Kauffmann, por exemplo, de quem terei ocasião de falar adiante; e, já nos anos de 1940, quando a Lapa estava no fim, um grupo de novos, de que fazia parte Joel Silveira, teimando com heróica persistência em manter a grande tradição...

Foi em 1931 que conheci e passei a freqüentar Álvaro Moreyra. Logo tornei-me um conviva assíduo, quase diário, de sua casa, a velha casa da rua Xavier da Silveira, em Copacabana, que era um centro permanente de reuniões de artistas e intelectuais. Álvaro, "Alvinho", como o tratávamos com carinho, amava a mocidade e acolhia-a com solícita hospitalidade, distribuindo sorrisos e alegrando o ambiente com suas inimitáveis histórias e pilhérias. As portas de sua casa — que está a exigir um cronista que a relate e comemore — estavam abertas para todos, noite e dia. O papel de Álvaro Moreyra, na vida dos jovens da minha geração, foi semelhante ao de Mallarmé, na França, entre os moços da geração de Gide, Claudel e Valéry.

Nesse tempo, ele assumira sozinho a responsabilidade de manter e dirigir a revista *Para Todos*, e eu me prontifiquei a ajudá-lo, trabalhando com ele num pequeno sobrado da rua do Ouvidor, onde ficava a redação. Não me recordo se foi aí, ou na rua Xavier da Silveira, que conheci R. Magalhães Júnior. Recordo-me, isto sim, de que foi no *Para Todos* que vi pela primeira vez um magro adolescente, de olhos saltados e cabeleira romântica — que se chamava Carlos Lacerda. No *Para Todos* também travei amizade com Lula Cardoso Aires, que pouco depois mudou-se para o Recife, onde iria tornar-se o pintor admirável que é.

* * *

A GRANDE ÓPERA

Meus primeiros companheiros de excursões em grupo pela Lapa foram Raimundo Magalhães Júnior, Odylo Costa, filho, Joaquim Ribeiro, Dante Costa, D. Martins de Oliveira, Martins Castelo e, pouco depois, Francisco de Assis Barbosa. Às vezes juntava-se a nós Amadeu Amaral Júnior.

Dante Costa foi, para mim, durante muitos anos, um companheiro dos mais íntimos e certamente dos mais queridos. Nós éramos quase inseparáveis. Dele conservo — e tenho certeza da reciprocidade — a carinhosa lembrança de um convívio perfeito e inesquecível. Mas — curioso! —, apesar de saber que andávamos quase sempre juntos, desde os tempos do *Para Todos*, e depois, em 1934, no *Rio Magazine*, de que ele era o redator-chefe e eu o secretário, não consigo lembrar-me com precisão de sua presença na Lapa.

Evidentemente — e nem poderia ser de outro modo — ele participou, conosco, de muitas noitadas em seus bares e outras paragens; apenas não chego a "visualizá-lo" com nitidez, em meio a este nevoeiro em que se vão diluindo certos contornos e pormenores, no filme imaginário em que tento fixar as imagens do *temps jadis*.

Vejo-o ao meu lado, no Café Belas Artes, na casa de Álvaro Moreyra e em muitos outros lugares e circunstâncias; tenho para mim, contudo, que Dante, se andou pela Lapa — e certamente andou — não foi por muito tempo, nem com grande assiduidade.

Nessa época, ele estudava Medicina, em que iria tornar-se mestre. Desde muito moço pouco propenso à vida boêmia, de resto quase abstêmio em meio à falange de bebedores de chope que éramos todos nós, seus amigos, não creio que os bares da Lapa exercessem sobre ele uma sedução igual àquela que nos dominava.

Não posso, contudo, deixar de registrar aqui seu nome, entre os primeiros, nesta resenha em que procuro rememorar os meus companheiros mais chegados da juventude. Bom, leal e afetuoso, amigo dos mais dedicados, criatura das mais encantadoras que conheci na vida, Dante nunca saiu do meu coração e da minha saudade, apesar de nos vermos e freqüentarmos tão pouco, nestes últimos vinte anos de nossas vidas. Na realidade, São Paulo está muito mais longe do Rio do que parece.

Dos meus companheiros de noitadas na Lapa, o mais constante foi — pelo menos nos primeiros anos, até a data de seu casamento — R. Magalhães Júnior. Ele morava próximo, na rua do Riachuelo, e, além disso, era de todos nós o único que tinha dinheiro. Ou tinha mais que os outros. Sua vida de rapazinho pobre fora um prodígio de energia, de força de vontade, de persistência no trabalho. Desde muito cedo, aprendera a dar duro para viver. Assim, já naquele tempo, trabalhava em dois ou três jornais e, embora desse a impressão de ser o mais desvairado dos boêmios, na realidade encarava a vida com seriedade e não brincava em serviço.

A GRANDE ÓPERA

Na hora de farrear, podia-se contar com ele. Era — sempre foi — o mais generoso, o mais solícito, o mais dedicado dos companheiros. O dinheiro que tinha no bolso era dos amigos. Magalhães tinha prazer em gastar. Lembro-me de uma noite logo no início das nossas relações em que, não sei por que cargas d'água, estávamos ambos de *smoking* (tínhamos de ir a uma festa, parece) e assim, suntuosamente trajados, fomos parar num barzinho da Lapa, para um trago apressado e estimulante. Eu devia estar nesse dia muito falante, muito bem disposto, porque Magalhães ria perdidamente das tolices que eu dizia — e em certo momento declarou, olhando-me com simpatia e afeição:

— Você é ótimo! No dia em que eu for rico, vou tomá-lo como meu secretário; você não terá de fazer nada, só falar, dizer coisas como essas que está dizendo agora. Pago-lhe um bom ordenado.

Ele nunca enriqueceu — e de minha parte, *hélas!* Eu perdi a graça. Mas assim vivíamos nós, naquele tempo, com os bolsos vazios, mas a alma cheia de miríficos projetos, vertiginosos sonhos...

Magalhães Júnior tinha histórias fabulosas. Uma noite, ele apareceu em casa de Álvaro Moreyra muito alegre, comeu, bebeu, conversou, riu, disse piadas, mas lá para as tantas olhou o relógio, interrompeu o que estava dizendo e, sem transição, declarou que precisava sair imediatamente. Não houve meio de retê-lo.

— Vem comigo — disse-me — Eu te levo de táxi para a cidade.

Saímos juntos. No táxi, Magalhães ia calado, preocupado, como se discutisse consigo mesmo uma importante resolução a tomar. De repente, virou-se para mim:

— Queres ir comigo até o jornal?

— Como? Você ainda vai trabalhar? Bem. Se for coisa rápida, eu topo.

— Mas você vai me prometer uma coisa: haja o que houver, fica firme, não ri, compreendeu? Se você rir, estraga-me tudo. Combinado?

Intrigado com todo aquele mistério, prometi que ficaria sério como um peixe. A redação do jornal em que trabalhava Magalhães era na rua do Ouvidor. Deixamos o táxi na avenida e enveredamos rapidamente pela estreita e elegante rua, àquela hora completamente deserta. Devia ser quase meia-noite.

Ao subirmos a estreita escada que levava à redação da folha onde escrevia o meu amigo, eu verifiquei que o diretor, o redator-chefe, o secretário e o chefe das oficinas o esperavam aflitos, sem esconder a ansiedade. A nossa chegada foi triunfal.

— Então? — berrou o diretor. — A primeira página do jornal está aberta, esperando por você.

A GRANDE ÓPERA

— Fiz a entrevista — declarou tranqüilamente Magalhães. — E preciso de bastante espaço. Demorei-me porque a conversa foi longa e o general, o senhor sabe como é, quando começa a falar, não acaba mais. O meu amigo Luís Martins viu tudo. (E virando-se para mim:) Foi ou não foi?

— Foi — confirmei cinicamente, sem ao menos saber de que general se tratava.

O próprio diretor, solícito, foi buscar papel para o seu eficiente redator. Magalhães escrevia rapidamente; à medida que escrevia, as folhas passavam sofregamente para as mãos do diretor, destas para as do secretário e das do secretário para as do chefe das oficinas, que mandava descê-las.

— Precisamos de um clichê em três colunas — providenciou o secretário. — A matéria é sensacional.

Uma hora depois, o serviço estava terminado. Eu cumprira o trato: nem sequer sorrira. Magalhães foi lavar as mãos e, no gabinete sanitário, disse-me friamente:

— Agora, eu vou arrancar um vale de vinte, para a gente ir beber uns chopes na Lapa.

Não me lembro exatamente quando isto aconteceu, mas sei que foi num daqueles momentos atribulados de crise política, que se seguiram ao golpe de 1930. A palavra do general Góes Monteiro era aguardada por todos com grande ansiedade. E foi essa palavra que Magalhães Júnior — hoje conspícuo membro da Academia Brasileira de Letras — resolveu oferecer ao público, através daquela entrevista totalmente imaginária, que o general só soube que tinha dado quando leu o jornal no dia seguinte. O engraçado é que não se zangou com a história. Nem desmentiu nada. Ficou firme. Dias depois, encontrando o imaginoso repórter num bar da cidade, chamou-o e, com malicioso bom humor, confessou-lhe que gostara muito da entrevista; era, talvez, a melhor de toda a sua vida...

Magalhães, Joaquim e eu regulávamos em idade; Martins de Oliveira era um pouco mais velho; Dante Costa, mais moço. Mas o benjamin da turma era Odylo Costa, filho.

Em 1931, quando o conheci, era quase um menino; tinha dezessete anos. Ao se formar, se não me engano em 1934, com vinte anos apenas, andou uns tempos funcionando como promotor substituto, não me lembro mais em que vara do antigo Distrito Federal; ao tomar posse do cargo, o servente, que não o conhecia, vendo-o folhear uns autos, tomou-o por um *office boy* e censurou-o com brutalidade:

— Larga isso aí, menino! Vai cuidar do teu serviço!

Essa cara juvenil, Odylo a conservou por muito tempo. Ainda em 1937, já procurador do Instituto dos Comerciários e servindo em comissão, como eu, junto ao gabinete do ministro da Justiça, foi certa noite barrado no Cassino da Urca, pelo porteiro, porque "menor não podia entrar". Nessa noite, eu estava muito sossegado em meu apartamento,

A GRANDE ÓPERA

já de pijama, e preparava-me para dormir (passava de meianoite), quando a cigarra da porta começou a tocar com insistência. Fui atender. Odylo, acompanhado já não me lembro de quem, entrou excitado (ele, que era a calma em pessoa) dizendo que eu tinha de me vestir e acompanhálos ao cassino, a fim de mostrar ao porteiro a minha carteirinha do ministério...

— Agora é uma questão de capricho — explicou-me.

— Só quero ver se aquele cara deixa ou não deixa a gente entrar...

— Mas, Odylo — estranhei —, você tem uma carteira igualzinha à minha.

— Esqueci em casa. Vamos, vá se vestir, que já é tarde.

Lá fui eu com eles, exibir ao cérbero da Urca o meu prestigioso "abre-te Sésamo", sempre de decisiva utilidade nessas circunstâncias. Só houve uma ocasião em que ele não funcionou. Nessa noite, entretanto, nós estávamos perfeitamente *sages*; aconteceu apenas que, no táxi que nos levava à Urca, eu inadvertidamente arranhei com a unha uma espinha que me nascera no rosto, o que causou uma pequena hemorragia; ao me ver com o terno de linho branco todo manchado de sangue, o gerente da casa de diversões, chamado pelo porteiro para decidir em última instância, recusou-se, polida mas terminantemente, a admitir a nossa entrada. Mesmo à vista da célebre carteirinha.

A amizade que me ligava a Odylo era verdadeiramente fraterna. O meu *Lapa* é dedicado a ele. Em 1932, ele publicou a *Seleta cristã*; na dedicatória do exemplar que me ofereceu, escreveu: "Ao Luís, meu irmão." No *Livro de poemas de 1935*, mas que só foi publicado em 1937, reunindo poesias suas e de Henrique Carstens, dedicou-me o "Poema do amor e do amigo", que termina assim:

— No fundo da noite achei a palavra do amigo, no fundo da noite encontrei o amor.

No meu exemplar — "um dos 20 exemplares raríssimos de capinha besta" —, ele escreveu esta dedicatória:

"Ao Luisinho da Lapa, jovem moralista, carinhosamente, *frater carissimus*, Odylo."

Em 1931, enquanto completava o curso de Direito, trabalhava no *Jornal do Commercio*, em cuja lúgubre redação, onde com freqüência íamos procurá-lo, "fazia longos plantões, sozinho, às vezes com Antônio Cícero na secretaria, outras vezes com o velho Maia Forte", como recordou R. Magalhães Júnior numa crônica de saudades. Nós chegávamos em bando, falávamos alto, tumultuávamos tudo, num irreverente desrespeito à impressionante austeridade do ambiente, onde se preparava para os leitores do dia seguinte mais um número de venerando jornal. Antônio Cícero achava graça; João Luso, quando lá se achava, gostava de conversar conosco; o velho Matoso Maia, na mesa da secretaria, permanecia imperturbável, como que alheio a tudo aquilo. Boníssimo, concordava logo em dar liberdade ao Odylo, que, entretanto, hesitava, lutando desesperadamente com a consciência:

— Tem matéria como diabo e o Matoso está sozinho... Como é que o jornal vai sair amanhã?

— Não se incomode, que ele sai — respondia eu. — O *Jornal do Commercio* é um velho jornal, está acostumado a sair, pode ter a certeza de que sai, de qualquer jeito. Mesmo sem redatores, revisores, linotipistas, mesmo que o velho Matoso Maia desista e vá dormir, amanhã você verá o *Jornal do Commercio* nas bancas, como sempre, escrito, composto, revisto, sem faltar nada. Ele se faz sozinho. É um jornal de responsabilidade.

E Odylo, convencido, abalava conosco para a Lapa... Ganhava pouco, no venerando órgão, e quase sempre estava tão "pronto" como todos nós. O mais "pronto" de todos, entretanto, por essa época, era eu.

Deocleciano Martins de Oliveira, hoje austero e respeitável desembargador, além de pintor e escultor nas horas vagas, em 1931 ainda estudava. Quando se formou alguns anos mais tarde, prestou concurso para comissário de polícia, foi aprovado e, uma vez nomeado e designado para servir numa delegacia dos subúrbios, a primeira coisa que fez, no exercício de suas funções, foi matar um burro, por engano e, naturalmente, falta de pontaria.

NOTURNO DA LAPA / LUÍS MARTINS

Certa madrugada — mas isto foi em 1935 ou 36 — estávamos os dois sozinhos, eu e ele, a perambular desoladamente pelas ruas da Lapa, quando, desanimados de prolongar a noitada sem futuro, resolvemos entrar num miserável botequim que existia na rua Joaquim Silva, esquina da travessa do Mosqueira, a fim de tomarmos a última cerveja. Chovia, soprava um vento frio, as ruas estavam desertas e no triste boteco o taverneiro cochilava no balcão, diante das mesas vazias. Sentamo-nos, pedimos a cerveja; entediados e sonolentos, não tínhamos vontade de falar; de repente, reparei que Deocleciano olhava fixamente para o chão, com o cenho carregado, numa expressão de ódio. Encarei-o surpreendido e perguntei-lhe se estava sentindo alguma coisa. Irritado, respondeu:

— Não. É o gato.

— Que gato? — espantei-me.

— O gato preto.

Só então vislumbrei um pobre bichano negro que se esfregava nas pernas da mesa vizinha e olhava para o meu companheiro com uma fixidez magnética. Martins de Oliveira, nervoso, remexia-se, agitava-se, bebia um gole de cerveja, tornava a encarar o gato. A expressão de ódio e repulsa em sua fisionomia aumentava. Eis senão quando, deu um soco na mesa e murmurou, soturno:

— Satanás!

— Que é isso? — falei, assustado. — Deixa o bichinho em paz... Ele não está fazendo nada.

— Não gosto de gatos pretos — declarou Martins de Oliveira, à guisa de explicação. — Eles me atacam os nervos. E — palavra de honra! — começou a rilhar os dentes. Sinceramente, eu estava com medo. O ambiente, a hora, a luz mortiça, o tenebroso silêncio, a chuva que tamborilava na calçada, a cara sinistra do botequineiro, a estranha atitude do meu amigo e, sobretudo, o gato, aquele impressionante gato preto (agora eu começava a achar que havia, de fato, algo de diabólico no animal), criavam uma perturbadora atmosfera de magia, propícia às alucinações do pavor... Foi quando Martins de Oliveira, num movimento brusco, meteu sem mais aquela a mão direita no bolso do revólver (como comissário de polícia, andava sempre armado) e, na iminência de sacar a arma, bradou:

— Eu vou matar esse diabo!

Então entrei em pânico. As idéias embaralharam-se na minha mente... Num relâmpago, pensei no burro morto... "Ele atira no gato, erra a pontaria e me mata" — imaginei, idiotamente. Dei um safanão na mesa. A garrafa virou. Os copos voaram longe. E, como um louco, eu pulei para a rua, sob a chuva, desci em disparada a travessa do Mosqueira, com Martins de Oliveira atrás de mim, a gritar — perseguido pelo homem do botequim, também aos berros, a reclamar o dinheiro da cerveja e dos copos quebrados...

O bom, o boníssimo Martins de Oliveira, incapaz de matar uma simples mosca! O caso do burro fora um acidente. Mas naquele tempo eu tinha uma fervilhante imaginação. Por outro lado, nos meus maus dias, bancava o *mauvais garçon*, irônico, sarcástico e petulante. Martins de Oliveira, baiano das margens do São Francisco, assinava-se então Deomar Barrense — um nome impossível. Uma vez, um jornal o estropiou, publicando Banense, em vez de Barrense. E eu, só para chateá-lo, chamava-o sempre de Bananense. Passou então a assinar-se D. Martins de Oliveira. E eu a tratá-lo de "Dom", espalhando que ele era bispo... O bom Deocleciano, incapaz de se irritar, sorria com indulgência, e sua única vingança era dizer que eu tinha o espírito de Mefistófeles...

— Você é satânico, Luís Martins, você está possuído do demônio — assegurava-me, às vezes. — Você precisa ir aos Barbadinhos se benzer.

Porque ele e Odylo eram católicos; eu ostentava um ateísmo para inglês ver, forçando a nota do cinismo cético e blasfematório — o que não impediu que Odylo, por amizade e com espírito verdadeiramente evangélico, me incluísse na sua *Seleta cristã*; lá estou eu com um horroroso poema, feito especialmente para a circunstância.

* * *

A GRANDE ÓPERA

A Lapa desse tempo já não era a mesma de 1925. Por ordem da polícia, o meretrício fora transferido do beco dos Carmelitas, da rua Morais e Vale e do trecho da rua Joaquim Silva próximo à praia, para as ruas Conde de Lage, Taylor e a parte alta da Joaquim Silva, da rua da Lapa para cima; desta última rua desapareciam as "pensões chiques", casas fechadas, de categoria mais elevada. As francesas escasseavam, em virtude de medidas restritivas impostas às atividades de *traite des blanches*.

Já não existiam mais os "clubes" noturnos da rua do Passeio; os últimos cafés-cantantes havia muito tinham desaparecido. Funcionavam vários cabarés. E entrava em cena um novo tipo de estabelecimento que seria o centro de operações notívagas dos homens da minha geração: o bar alemão, com ou sem garçonetes, onde se faziam refeições ligeiras e em geral se bebia chope, todos com música, fosse o simples "duo" de piano e violino do Túnel da Lapa ou a orquestra cigana do Danúbio Azul.

LAFORGUE NA LAPA

"Un couchant des Cosmogonies! Ah! que la Vie est quotidienne..."

JULES LAFORGUE

UM DIA (foi em 1932, creio), surgiu na redação do *Para Todos*, à procura de Álvaro Moreyra, um jovem recém-chegado de Porto Alegre. Era alto, esguio, levemente curvado; tinha grandes olhos pretos, vestia-se de preto, usava um chapelão de longas abas, preto também. Um belo rapaz, realmente.

Álvaro Moreyra mo apresentou. Eu já o conhecia de leitura e nome, pois este aparecia com certa freqüência nas páginas da revista, subscrevendo crônicas e poemas. Na nova geração do Rio Grande do Sul, que sucedera, depois do modernismo, à de Álvaro Moreyra, Felipe d'Oliveira, Eduardo Guimarães, Alceu Wamosy, Marcelo Gama — e que constituiria um dos grupos regionais mais homogêneos e brilhantes da literatura contemporânea no Brasil, com Augusto

Meyer, Érico Verissimo, Dyonélio Machado, Moysés Vellinho, Manoelito de Ornellas, Mário Quintana e outros — o poeta Teodemiro Tostes ocupava posição de destaque na primeira fila, ao lado do seu amigo Augusto Meyer; o talento de Quintana, por esse tempo, apenas despontava. Os dois grandes poetas do grupo gaúcho, na época, pareciam fadados a ser, portanto, Meyer e Tostes.

Conterrâneo de Getúlio Vargas — as duas famílias eram ligadas por estreitos laços de amizade —, Teodemiro viera ao Rio aguardar uma nomeação para o Itamarati; e, enquanto esta não vinha, ficou trabalhando num jornal mais ou menos subsidiado e mantido pelo governo, o *Radical*, onde escrevia uma crônica diária, assinando-se T.T.

Teodemiro Tostes, que é hoje embaixador, repetiria (guardadas as devidas proporções, é claro) a atitude de Rimbaud, desinteressando-se por completo da literatura, uma vez extinto o fogo de artifício da mocidade. Seu caso, aliás, não é único no Brasil; há, semelhante ao dele, o do poeta paulista Luís Aranha, o autor do famoso "Poema giratório", objeto de um excelente estudo de Mário de Andrade; e — circunstância curiosa! — tanto a um, como a outro, o que os incompatibilizou para sempre com a literatura foi a carreira diplomática.

No mesmo dia em que o conheci, encontrei-o, horas depois, na Lapa. Devia ser quase meia-noite. Eu entrara no bar

LAFORGUE NA LAPA

que ficava logo no início da rua da Lapa e cujo nome era o número da placa do prédio — chamava-se 49 — (e que depois ficaria famoso pelos excelentes siris recheados, especialidade da casa, sofregamente disputados pela freguesia); Tostes estava sozinho, sentado a uma das mesas, diante de um chope duplo. Reconheceu-me e convidou-me a sentar.

Ficamos bebendo e conversando até fechar-se o bar, às quatro da madrugada; e depois ainda fomos tomar uma cerveja num botequim que havia nesse tempo na rua Visconde de Maranguape, esquina da travessa do Mosqueira e que ficava aberto toda a noite — ou quase. Iniciava-se assim uma convivência que se tornaria quase diária, durante vários anos, até que Teodemiro deixou o Brasil, ao iniciar a carreira diplomática. Isto, julgo eu, em fins de 1934 ou início de 35. Nos últimos tempos, aliás, víamo-nos menos, porque Tostes passou a freqüentar, de preferência, o antigo bar Recreio, o vasto, acolhedor e pitoresco bar e restaurante que ficava então na praça José de Alencar, onde às vezes eu ainda o procurava, entretanto, não tão amiúde como antes.

Mil novecentos e trinta e dois e trinta e três foram os anos de nossa mais estreita e assídua convivência, na Lapa. Ora, esse foi exatamente o período mais agudo da minha penúria financeira, de modo que quase todas as noites era o meu amigo que pagava as despesas, o que me deixava terrivelmente constrangido, embora ele o fizesse de maneira natural e delicada, emprestando a tudo um ar de camaradagem que, todavia, não amenizava por completo os meus escrúpulos; por isto, nem sempre eu ia ao 49, embora tivesse a certeza de nele encontrar Teodemiro, com quem gostava muito de conversar.

Desempregado, indisposto com meu pai, sem poder, portanto, recorrer a ele, eu cortei um duro nesse período. Possuía, já, uma pequena biblioteca, adquirida no tempo em que tinha dinheiro; passei a vendê-la aos poucos, nos sebos. Lembro-me de ter dito uma tarde, de brincadeira, a Paschoal Carlos Magno:

— Acho que sou o único escritor, no Brasil, que vive da literatura...

Mas os donos dos sebos exploravam-me. As mesmas obras que me tinham vendido por vinte ou cinqüenta mil-réis, compravam por cinco ou dez. E, além do mais, os livros iam-se acabando. Tive a força de vontade de não me desfazer dos melhores, dos que mais amava — e ainda hoje possuo. Passei, então, a me valer de mamãe, que me auxiliava como podia, mas em verdade não podia muito. Dias houve em que saí de casa com o dinheirinho contado da passagem de bonde, ida e volta: uma simples moeda de quatrocentos réis.

A propósito, lembro-me de uma discussão que tive com Francisco de Assis Barbosa, por causa de uma dessas moedas. Era ao crepúsculo, hora prenhe de seduções e sortilégios, em que o ritmo da vida, numa grande cidade, parece amortecer em espreguiçamentos de prazeres e delícias. Trocado em miúdos, isto quer dizer que sentimos vontade de tomar um aperitivo. Éramos um pequeno grupo de quatro ou cinco rapazes, dos quais apenas me recordo, com precisão, de Francisco de Assis Barbosa e Odylo Costa, filho. Íamos consultar as disponibilidades financeiras de cada um, as quais deviam ser escassas, como sempre, mas antes que alguém falasse, Chico Barbosa declarou enfaticamente:

— Eu tenho quatrocentão!

Em vista disto, não conversamos mais. Estávamos, justamente, em frente a um bar, um daqueles grandes e simpáticos bares que havia na avenida Rio Branco, com *terrasse*, onde se podia tranqüilamente tomar um aperitivo, vendo a noite cair sobre a cidade e a ronda dos transeuntes vesperais. Passavam mulheres. Ah! "Havia jardins, havia manhãs, naquele tempo!" E mulheres havia, estranhas, felinas e provocantes, que passavam, ante os nossos olhos cobiçosos e deslumbrados. E havia, sobretudo, a mocidade ardente, a impetuosa sede de viver, a despreocupada volúpia de gozar a hora presente — a única realidade visível e palpável do tempo — sem passado a rememorar e sem futuro a pressentir.

Abancamo-nos em torno a uma das mesas da *terrasse*, pedimos o nosso aperitivo; acabado este, alguém sugeriu:

— Vamos embora?
— Que embora o quê! — protestei com energia. — Está tão gostoso aqui... Vamos pedir outro.
— Você tem dinheiro? — perguntou Odylo.
— Não. Mas o Chico tem quatrocentos mil-réis. (O que era muito dinheiro, para a época.)
Francisco de Assis Barbosa arregalou os olhos, com espanto e indignação:
— Eu! Quatrocentos mil-réis? Você está louco! Eu disse que só tenho quatrocentão...

E, para provar a exatidão da assertiva, atirou sobre a mesa uma pobre moeda de quatrocentos réis. Como bom paulista (de Guaratinguetá), chamava de "quatrocentão" o que para mim, carioca, não passava de "quatrocentinho". Foi o que eu lhe disse, no auge da irritação e do desapontamento. A violenta discussão sobre semântica monetária, que seguiu ao deplorável incidente, pôs água na fervura das nossas esperanças de passarmos uma tarde divertida. Não me lembro mais quem pagou a rodada dos aperitivos. Eu, com certeza, não fui.

* * *

As longas conversas com Teodemiro Tostes, no bar 49, versavam quase sempre sobre literatura. A ele e a Álvaro Moreyra devo os meus primeiros conhecimentos do simbolismo francês, levando-me a estudá-lo com entusiasmo;

LAFORGUE NA LAPA

o que iria provocar, anos depois, a afirmação de Sérgio Milliet, reiteradamente feita, de ser eu um dos poucos brasileiros da minha geração que se interessaram por esse período de capital importância na história da literatura francesa. Teodemiro era um apaixonado da poesia de Mallarmé, Rimbaud, Verlaine e Laforgue. E, por causa de Laforgue, travou certa noite, com R. Magalhães Júnior, estando eu presente e tentando em vão apaziguar os ânimos, violentíssima discussão, que por pouco não chegou às vias de fato...

Tostes não era um bebedor pacífico. Começava muito bem, sorrindo e conversando amavelmente, como moço bem-educado que era. Até o quarto, quinto chope, tudo corria às maravilhas. A partir daí, todavia, uma curiosa transformação processava-se em sua fisionomia, em suas palavras e atitudes. Aos poucos, o sorriso se ia amortecendo, diluindo, esgarçando nos lábios, até desaparecer por completo; o rosto assumia uma expressão sombria, entediada e hostil; e, depois da nona ou décima "caneca", Teodemiro mergulhava num estado de depressão melancólica, que podia subitamente transformar-se num acesso de violência vocabular (fisicamente, nunca o vi brigar), ultrapassando o limite das conveniências.

Coisa curiosa! Com os seus conterrâneos, os amigos do Rio Grande do Sul que às vezes o procuravam no 49, mantinha-se alegre e cordial até o fim. O compositor Luís Cosme era dos mais freqüentes; seu irmão, o pintor e violinista Sotero Cosme, que já era diplomata, um dia apareceu no bar, recém-chegado de Paris; lembro-me também de Egídio Squeff, que por essa época deixou Porto Alegre para residir no Rio. Nesse meio de gaúchos, eu era o único carioca com quem Teodemiro podia passar a noite toda, conversando, sem discutir. Nós nos dávamos muito bem. Mas se aparecia um camarada qualquer que não pertencia à roda, lá para as tantas, o poeta começava a ficar enfarruscado, amarrava a cara e, se o sujeito custava a perceber, não tinha dúvidas em lhe manifestar de forma mais ou menos ostensiva o seu descontentamento. Às vezes, segredava-me, mas nem sempre de forma tão discreta que não pudesse ser ouvido:

— Manda esse chato embora!

O seu mau humor criava, em certas ocasiões, situações bastante embaraçosas para mim. Aí por volta de 1934, durante um curto período, eu andei muito pela Lapa em companhia de Rosário Fusco e Wagner Cavalcanti. Fusco viera de Cataguases para iniciar, no Rio, o curso de Direito. Uma noite, estávamos os dois juntos quando acertamos de entrar no Danúbio Azul, onde já se encontrava, sozinho, o poeta porto-alegrense, diante de uma pilha enorme de pratos de chope. Estava de um humor detestável. Fiz as apresentações, mas a acolhida foi tão fria que não nos demoramos cinco minutos. Lembro-me de que, na rua,

LAFORGUE NA LAPA

Rosário, comentando o fato com bom humor, confessou-me que ficara impressionado com o tamanho das mãos de Teodemiro.

— Mãos de assassino — disse ele.

Tostes ficaria satisfeito com as palavras de Fusco, se chegasse a conhecê-las. Com efeito, gostava de afetar um ar perverso, demoníaco, que nada mais era que pura atitude literária. Impressionado com um personagem do *Contraponto*, de Aldous Huxley — o estranho e sádico Spandrell, de riso felino e silencioso —, passou, depois que leu o livro, a rir como ele... Nós éramos assim, naquele tempo. Vivíamos intoxicados de literatura. Eu mesmo me sentia uma miscelânea de personagens, procedendo e falando como uma criatura de ficção, em que colaborassem Wilde, Machado de Assis, Paul Morand e Pitigrilli; fingia-me de cético, cínico, irônico e paradoxal... Joaquim Ribeiro denominava-me "o campeão dos paradoxos"...

* * *

A princípio, eu tentara aproximar T.T. dos meus amigos do outro grupo, mas o seu temperamento difícil complicava as coisas. Não consegui, assim, obter ligação do 49 com o Túnel da Lapa; eu me dividia entre os dois bares; em geral, ficava com Odylo, Martins de Oliveira, Joaquim Ribeiro,

Chico Barbosa, etc. até uma certa hora (nesse tempo, o grupo ainda dissolvia-se relativamente cedo) — depois ia encontrar-me com Teodemiro. O único dos meus amigos — sem contar Dante Costa, mas este era pouco notívago — que se dava com o poeta gaúcho, era R. Magalhães Júnior. Os dois se estimavam e consideravam mutuamente — tanto que ainda hoje são amigos —, mas nem sempre as noites terminavam em paz quando se achavam juntos. Magalhães gostava de discutir — e discutir com Teodemiro, depois de uma certa hora e uma determinada altura da pilha de chope, era difícil. A briga mais séria, entretanto, foi por causa de um verso de Laforgue.

Magalhães, que morava na rua do Riachuelo, pertinho da Lapa, costumava aparecer irregularmente no 49. Nessa noite, Tostes comprara um número das *Nouvelles Littéraires*[13] em que havia uma página de homenagem a Jules Laforgue, com reprodução de várias composições do poeta das *Complaintes* e, sendo este uma de suas paixões literárias, pôs-se a ler em voz alta uma poesia, a famosa *Complainte sur certains ennuis*; mal começou a dizer o segundo verso — "Ah! Que la vie est quotidienne" —, Magalhães, que acabara de se

---

[13] *Les Nouvelles Littéraires*, de 5-8-1933. Se posso indicar a data com tamanha precisão é porque o número do jornal que provocou a briga ficou comigo — e ainda hoje o conservo.

sentar, interrompeu-o com uma observação depreciativa, afirmando peremptoriamente que Laforgue era um poeta menor, incapaz de se comparar a Baudelaire...

Para quê! Teodemiro, tomando aquilo como ofensa pessoal, exaltou-se, dirigindo-se em termos ásperos a Magalhães, que retrucou no mesmo tom. A discussão pegou fogo. Os ocupantes das outras mesas, não sabendo do que se tratava, voltavam-se com espanto para a nossa, surpreendidos por aqueles nomes estranhos — Baudelaire, Laforgue — que eram berrados com estrondo. Eu, alarmado, procurava apaziguar os dois contendores, só temendo a hora em que um deles, perdendo a própria cabeça, atirasse à do outro o copo de chope...

Afinal, Magalhães Júnior resolveu sair. Eu o acompanhei. Em 1957, numa crônica publicada no suplemento literário da *Tribuna da Imprensa*, sobre o meu livro *Futebol da madrugada*, o autor de *Machado de Assis*, *desconhecido* relembraria a cena, com saudade e bom humor, nestes termos:

"Éramos, então, um grupo que se reunia quase todas as noites, depois das onze, para amanhecer no Danúbio Azul e adjacências. Ouvíamos valsas alemãs, francês macarrônico, discutíamos política, literatura, arte. Às vezes brigávamos. *Où sont les bagarres d'antan?* E aqueles rapazes? Por onde andam? Um se chamava Teodemiro Tostes, gaúcho enorme, escrevia no *Radical* e aguardava uma nomeação para o

Itamarati. Dizia que Jules Laforgue era o maior poeta do mundo e depois do quinto chope começava a declamar incessantemente "Ah! Que la vie est quotidienne!" Disse-lhe que Laforgue não chegava aos pés de Baudelaire e, em pouco, íamos quase às vias de fato. Foi Luís Martins que me acompanhou em casa, parecendo solidário comigo, mas depois que eu havia metido a chave na fechadura do velho sobrado da rua do Riachuelo, quebrou a solidariedade para observar:

— Vocês dois armaram uma briga idiota! O maior poeta da língua francesa era e continua a ser Rimbaud!"

* * *

Teodemiro Tostes publicara, em 1928, um pequeno livro de versos, com ilustrações de Sotero Cosme, impresso nas oficinas gráficas da Livraria de O Globo, de Porto Alegre: a *Novena da Senhora da Graça*. Sou das poucas pessoas que possuem essa fina plaqueta, hoje raríssima.

Depois que me deu, Teodemiro, já no fim da noite, arrependeu-se e quis rasgá-la. Metade de uma página ficou em suas mãos...

O meu querido Teo, hoje sua excelência o embaixador Teodemiro Tostes... É com enternecida emoção, grata saudade, que evoco esse companheiro da mocidade e as belas noites de exaltação poética, angústias líricas, sonhos, ansiedades, devaneios, que vivemos juntos num barzinho da Lapa. Sob a máscara de "homem mau", que às vezes afivelava *pour épater*, Teodemiro era na realidade um bom amigo, leal e afetuoso; sua afeição por mim era grande e verdadeira! Quando estive gravemente enfermo, em 1933, ele, que não ia à casa de ninguém, foi visitar-me mais de uma vez. Anos depois, quando já estava na *carrière*, vindo ao Brasil de passagem, deu um pulo a São Paulo, para onde então eu já me mudara, especialmente a fim de me ver, segundo assegurou-me.

A vida, entretanto, haveria de nos separar. Vivendo Teo a maior parte do tempo no estrangeiro, no exercício de suas funções diplomáticas, e eu em São Paulo, os nossos contatos foram ficando difíceis, espaçados e ocasionais. Levei anos sem vê-lo. Em 1950, quando estive na Europa, fui a Roma, onde ele já era primeiro-secretário de embaixada, mas um estúpido mal-entendido atrapalhou o encontro marcado — e eu só pude falar-lhe por telefone.

Soube que se casou; eu fiz o mesmo, mas ignoro se ele o sabe. Às vezes, muito raramente, ainda tenho notícias suas, através de amigos comuns. Lembrar-se-á ele ainda daquela estranha noite, na Lapa, em que ia brigando por causa de um verso de Laforgue?

NOTURNO DA LAPA

> "C'est une place
> C'est une rue
> C'est même tout un quartier..."
>
> GEORGES ULMER E GÉO KOGER
> *Pigalle*

ASSIM TAMBÉM, exatamente, é a Lapa: uma praça, uma rua — a rua e o largo da Lapa; e em torno a Lapa, propriamente dita, certamente um dos recantos mais estranhos, sugestivos e pitorescos da cidade do Rio de Janeiro.

Para falar da Lapa — lembremos, ainda uma vez, a opinião de Manuel Bandeira — "e fazer-lhe sentir todo o prodigioso encanto, só um Joyce — e Joyce do *Ulisses*, com a sua extraordinária força de síntese poética. Basta dizer que a Lapa é um centro de meretrício todo especial (onde vivem as mulatas mais sofisticadas do Rio) e esse meretrício se exerce no ambiente místico irradiado da velha igreja e do convento dos franciscanos".

Mas não são só o convento e a igreja que dão à Lapa um aspecto monumental e venerável, contrastando com a humildade dos seus velhos sobrados de portas enegrecidas pelo tempo, a pobreza do seu pequeno comércio e os desregramentos de sua vida noturna; um dos seus limites extremos, que a separa das luzes da Cinelândia, é o venerando, o histórico Passeio Público; e é na Lapa que se eleva, desafiando a fúria dos séculos, o grande aqueduto dos Arcos, obra colonial, talvez a mais grandiosa e majestosa das relíquias arquitetônicas do velho Rio. Isto sem falar na escadaria monumental que sobe para o Curvelo e no pitoresco casario que desce a pino do morro de Santa Teresa sobre a rua Joaquim Silva, fazendo lembrar certos aspectos de Lisboa.

As paredes das casas, os telhados rústicos, os portais de pedra parecem impregnados do mofo do tempo; tudo aquilo transpira velhice e tristeza; e, entretanto, a Lapa é — ou era, porque eu me refiro aos anos 1930 — um bairro alegre. Pelo menos movimentado, agitado, cheio de músicas e tabuletas luminosas, indicando bares, restaurantes e cabarés. Na Lapa vivia o Rio noturno.

Para quem não a conheceu, hoje é difícil imaginá-la nesse período. Eu não hesito em afirmar que o prestígio da Lapa na década de 1930 foi, um pouco, promoção nossa, os jovens escritores e artistas que a freqüentávamos. Nós escrevíamos sobre ela artigos, crônicas e reportagens; criávamos, assim, a sua tradição, o seu mito e a sua lenda.

Para se ter idéia da importância da Lapa desse período na vida carioca, basta lembrar o seguinte: em mil novecentos e quarenta e tantos (eu já morava em São Paulo) inaugurou-se na rua da Lapa, perto do bar 49, uma boate à maneira de Montmartre, arrumada e decorada por um artista da moda e com pretensões a grã-fina: o 1900. No dia da inauguração, o velho bairro ficou atulhado de carros particulares e a festa constituiu um grande acontecimento mundano. Durante algum tempo, os elegantes da Zona Sul foram ao 1900, como em Paris se vai ao Lapin Agille e aos cabarés de Pigalle, porque era "bem" divertido e chique a Lapa, afinal de contas, era o Montmartre carioca... Mas a extravagância não durou muito. Os grã-finos logo se enfastiaram. Seis meses depois de inaugurado, o elegante bar ficou às moscas; então, a Lapa o invadiu, tomou conta dele, integrando-o em sua atmosfera e em seu estilo de vida. Naquele ambiente sofisticado, todo decorado com enormes painéis que pretendiam reproduzir a vida elegante e boêmia da *belle époque*, dava pena verem-se soldados, marinheiros e marafonas tomando cerveja...

A instalação do 1900 fora um erro. O momento não podia ser mais inoportuno. Estávamos no tempo da guerra, e esta foi, como terei ocasião de demonstrar em outro capítulo, um dos fatores responsáveis pela melancólica decadência da Lapa.

Aliás, foi uma felicidade que tivesse malogrado essa estranha e despropositada aventura; se a guerra não tivesse acabado com a Lapa, os grã-finos, se nela se instalassem, com certeza acabariam; porque grã-fino, onde se mete, estraga tudo.

* * *

Parte do ano de 1933 eu passara em casa, sem sair, vítima de grave enfermidade que me prendeu ao leito durante quatro meses e por pouco não me levou desta para melhor. Foi então que me reconciliei com meu pai.

Enquanto eu lutava com a morte, realizou-se um ruidoso jantar chamado o "Banquete da Nova Geração", reunindo, sob a presidência ilustre de Gilberto Amado, todos os meus amigos mais chegados. Tiveram eles a generosidade de não esquecer o companheiro enfermo, em meio às suas alegrias. A lembrança dessa noite ainda hoje me emociona. Minha família morava nesse tempo num imenso casarão assobradado e com porão habitável, na rua Zamenhoff, transversal a Haddock Lobo. Era tarde e já nos aprestávamos para dormir quando ouvimos, lá fora, o barulho de uma caravana de automóveis, quebrando a quietude da pacata rua; e, logo após, um indescritível berreiro, em meio ao qual, subitamente, eu percebi meu nome, insistentemente gritado: "Viva o Luís Martins!"

Cheguei à sacada; eram eles, os fiéis amigos, que acabaram entrando, a fim de me ofertarem uma foto do banquete, autografada por todos. Não sei como fui perder esse precioso documento da minha vida; infelizmente, não me recordo de todos que estiveram em nossa casa, nessa noite, mas lembro-me perfeitamente de Odylo, Jorge Amado, Magalhães, Dante Costa, Martins de Oliveira, João Lyra Filho, Joaquim Ribeiro... Eram uns vinte ou trinta.

Na crônica que escreveu sobre o *Futebol da madrugada*, R. Magalhães Júnior rememorou este tocante episódio, equivocando-se na data e no nome do bairro em que eu morava. Nunca residi no Rio Comprido; este era o bairro da minha família paterna (nele nasceu meu pai) e ostenta, ainda hoje, o nome do meu avô na placa de uma de suas ruas: rua Dr. Caetano Martins.

"Em 1931 ou 1932 — escreveu Magalhães —, Luís ia morrendo, não sei de quê. Ao fim de um jantar ruidoso, num restaurante ao lado do Mercado das Flores, em que Gilberto Amado era o nosso convidado de honra e fez um dos seus mais admiráveis discursos, concitando-nos a ser ainda mais jovens, mais atrevidos, mais demolidores, saímos em caravana, em dez a quinze carros, para o Rio Comprido. Vivamos o Luís, fizemos o moribundo sair da cama, febril, e foi uma luta para a família obrigá-lo a deixar de sair conosco, para mais uma daquelas madrugadas..."

Em 1934, eu entrei para *O Jornal*, pela mão de Austregésilo de Athayde, que havia sido meu professor de latim e acabaria, através do casamento, meio aparentado comigo, primo-torto em grau longínquo; em 1935, fui nomeado, por Agamenon Magalhães, fiscal n° 1 do recém-fundado Instituto dos Comerciários, para no ano seguinte assumir a direção do seu Departamento de Imprensa e Publicidade.

Deixei, então, o casarão paterno, para viver em apartamento, primeiro na rua Marquês de Abrantes, depois na rua Santo Amaro, esquina de Catete, no mesmo edifício em que anos depois morou Mário de Andrade, durante o tempo em que residiu no Rio. Era bem bonzinho, este meu último apartamento: ampla sala, bom quarto, um pequeno *hall* transformado em refeitório, banheiro e cozinha, com admirável vista em que se descortinava a praça da Glória e largo trecho da baía de Guanabara. Mário e eu não chegamos a ser vizinhos; eu já me achava em São Paulo quando ele se mudou para o Rio. O seu apartamento era no quarto andar; o meu, no sexto.

Foi aí (isto anarquiza certamente a ordem cronológica da narrativa, mas talvez lhe amenize a monotonia) que no dia 5 de março de 1937, meu aniversário natalício, realizou-se uma das mais loucas, mais fantásticas, mais turbulentas festas da nossa mocidade; uma festa sem mulheres (não havia uma, sequer!), mas cheia de bebidas, entenda-se uísque (o litro de uísque, legítimo, mesmo porque não havia

NOTURNO DA LAPA

outro, custava cerca de setenta mil-réis), uísque a rodo — e uma única garrafa de gim, adquirida por imposição expressa de Odylo Costa, filho, que ainda não aprendera a gostar do louro veneno inglês. (Também Sérgio Milliet, quando o conheci, não bebia uísque.)

Estavam presentes — salvo erro ou omissão — Magalhães, Odylo, Martins de Oliveira, Henri Kauffmann, Henrique Carstens, Marcello Rizzi, Márcio Reis... Quem mais? Minha memória já não é a mesma dos vinte anos. É possível que estivessem outros... Ah! Sim! Esteve também em meu apartamento, mas saiu mais cedo, meu irmão João, em companhia de um amigo. Nós tínhamos turmas diferentes.

Todos escreveram poemas. Até pouco tempo, eu ainda os conservava; cheguei a emprestá-los a Eneida, para a feitura de uma gentil e generosa crônica, que escreveu a respeito; mas agora os procuro e não os encontro. Devem andar por aí, no meio da papelada... Recorro à própria Eneida. Eis trechos do poema improvisado por Odylo:

"Acordai, ó poetas de todo o mundo,
O poeta Luís Martins faz anos hoje!
Luís Martins, o que escreveu *A noite na taberna* e *Lapa*,
romance devolvido pelas livrarias de Minas Gerais.
(...)
Luís Martins cúmplice das noites infindáveis e tristes...
(...)

Luís Martins, nosso irmão, que, se este país se respeitasse,
há muito tinha sido condenado à morte na forca,
pra que ele virasse François Villon..."

E D. Martins de Oliveira:

"Como não hei de abandonar as ocorrências policiais
E os registros diários do *bureau*
Para fazer meu cântico nesta noite de horrores?
Tocam os gonzos bonzos nos longos anos
A estrela que o pastor não viu também brilhou num presepe
E no berço de alfazemas
Um novo choro anunciou um novo poeta do Brasil."

Era assim, com esta inocência, esta pureza, que nós nos divertíamos. Um grupo de rapazes, num apartamento. Não éramos pederastas. Não éramos *playboys*. Não éramos "jovens transviados". Éramos apenas jovens — e todos mais ou menos poetas...

Quando acabou o último uísque, resolvemos rebatê-lo a chope, rumando para a velha Lapa. A Lapa era o princípio e o fim de tudo. Só Magalhães nos deixou: em 1937, ele já era casado e homem sério — tinha de dormir cedo...

* * *

Estamos em 1936. É noite. Um bando de rapazes — quatro ou cinco — deixa o Café Belas Artes, em frente ao Palace Hotel, na avenida Rio Branco, e dirige-se, sem pressa, para o lado da praça Marechal Floriano, a Cinelândia carioca. Hoje não há récita de companhia francesa no Teatro Municipal; o imponente casarão está fechado e escuro; se houvesse, um dos rapazes, que é crítico teatral, não poderia vagar à toa com os seus amigos pelas ruas; deveria estar de *smoking*, no teatro, assistindo ao espetáculo. Esse rapaz sou eu.

Deixara a redação de *O Jornal*, na rua 13 de Maio, e passara pelo *Jornal do Commercio*, a fim de apanhar Márcio Reis, o gordo e plácido repórter, e Odylo Costa, filho, o jovem redator, que parece um menino entre os seus circunspectos companheiros de trabalho. O comissário D. Martins de Oliveira hoje não tem plantão na polícia, resolveu ir também até o jornal, à procura de Odylo, e conversa com Antônio Cícero. Chega o poeta Henrique Carstens. Pego o fone:

— Vou ligar para o Kauffmann, em *O Jornal*; a esta hora, ele já deve ter acabado o serviço.

Henri Kauffmann, mais idoso do que todos nós, é um francês gordo, corado, alegre e simpático; companheiro incondicional e certo para uma noitada na Lapa. Topa logo o convite e diz que se encontra conosco na Cinelândia, em frente ao Amarelinho. Fora eu quem aproximara Kauffmann do grupo, onde logo passou a ocupar lugar proeminente.

Conhecera-o em *O Jornal* e tornara-me seu camarada; o temperamento boêmio de ambos facilitou a liga.

Lá vamos nós pela Cinelândia, rumo à Lapa. Dobramos à direita, atravessamos a rua Senador Dantas, pegamos a rua do Passeio; no velho jardim, à nossa esquerda, erra entre as árvores a sombra do Mestre Valentim...

Ao atingirmos o largo da Lapa, confabulamos: onde vamos? Ao Túnel? Ao Danúbio Azul? Ao Arraial, à procura de petisqueiras portuguesas? Ao 49, comer os siris preparados pela francesa Raymonde?

— Agora tem um restaurante novo, vocês sabiam? O Viena-Budapest.

Kauffmann ri, dirigindo-se aos outros:

— A inauguração foi brilhante. O Luís Martins recebeu uma grande homenagem...

* * *

Dias antes, Kauffmann e eu saímos do jornal cerca de meia-noite e nos dirigimos para a Lapa, a fim de comermos qualquer coisa. Íamos ao Danúbio Azul, na avenida Mem de Sá, mas quase em frente vimos uma casa toda iluminada, de onde saía para a rua um rumor festivo de música e vozerio.

— Que diabo será isso?

— É um restaurante novo, parece... Como se chama? Viena... Viena o quê? Ah! Viena-Budapest. Parece estar animado. Vamos entrar? O ambiente, efetivamente, era de festa. Quase todas as mesas ocupadas. Gente em pé. Homens e mulheres falando alto, rindo, batendo copos. Instalada num tablado alto, uma espécie de coreto, uma orquestra húngara, com os músicos vestidos a caráter, caprichava nos violinos. Os garçons, atarefados, corriam de mesa em mesa, carregando pratos e bebidas. O proprietário, um húngaro vermelho e calvo, sorria para todo o mundo e recebia cumprimentos...

Eu também achava-me numa agradável disposição de espírito. Um ou dois meses antes, aparecera nas livrarias o meu *Lapa* e os jornais vinham se ocupando dele; o livro vendia-se... Eu estava ganhando bem, morava num bom apartamento, gozava saúde... E não tinha trinta anos. Por que não haveria de me sentir feliz?

A custo, conseguimos uma mesa. Mal acabáramos de nos sentar, porém, e ainda não tínhamos pedido nada, quando um sujeito desconhecido, lá em outra mesa, levanta-se, bate palmas, impõe silêncio — devia estar meio "alto" — e começa um discurso:

— Minhas senhoras e meus senhores! Peço um minuto de atenção! Nesta noite de festa para todos nós, tenho a imensa satisfação de comunicar a todos os presentes que aqui se acha conosco, honrando-nos com a sua presença, um brasileiro ilustre...

E foi por aí afora: "um isto e aquilo (a modéstia emperra-me a pena) que acaba de publicar um grande livro sobre a nossa querida Lapa. (Aí eu empalideci.) Ei-lo! Peço uma grande salva de palmas para o eminente autor de *Lapa* — o escritor Luís Martins!"

Palavra: foi um sucesso! Nunca, em toda a minha vida, recebi ovação igual. Às palmas misturavam-se "vivas", como se eu fosse um lutador de boxe que acabasse de nocautear o meu adversário. O proprietário deixou o seu lugar e, curvado em dois, comovido e obsequioso, veio apertar minha mão. Os músicos levantaram-se e me saudaram de longe, com os arcos dos violinos. Depois, não sei por que motivo, em homenagem a mim, sapecaram a *Cidade maravilhosa...*

O *maître*, solícito, acercou-se da nossa mesa, com o *menu* na mão e um sorriso nos lábios... Foi então que Henri Kauffmann teve uma inspiração diabólica. Falou-me baixinho:

— Peça o que tiver de mais caro. E escolha também o melhor vinho. Eles hoje não cobram nada de você...

Achei a sugestão razoável. Fui principesco e grandioso na escolha dos pratos e das bebidas. Exigi vinho francês. Depois da sobremesa e do café, optei pelo melhor conhaque que havia na lista... O resultado de tudo isto é que, no fim, apresentaram-me uma conta deste tamanho!

Os bandidos me cobraram um dinheirão, com homenagem e tudo... E eu, por honra da firma, ainda tive de deixar uma boa gorjeta...
Por isto, Kauffmann ria, ao recordar a inauguração do Viena-Budapest. O curioso é que, depois, eu não podia entrar no restaurante sem que os músicos imediatamente interrompessem o que estavam tocando — e executassem a *Cidade maravilhosa*. Acho que eles me julgavam o autor da famosa música...

* * *

Odylo, Márcio, Kauffmann, Deocleciano, Carstens e eu acabamos optando pelo Túnel da Lapa; ocupamos uma das mesas; uma garçonete, a Mary, vem nos servir e senta-se depois conosco. Em outra mesa, mais para os fundos, vemos pessoas conhecidas: Murilo Miranda, Moacir Werneck de Castro e Lúcio Rangel. São meus amigos. Levanto-me e vou conversar um pouco com eles. Dizem-me que estão de saída, já pediram a conta:

— Vamos para o Danúbio; o Carlos e o Rubem estão lá, com o Newton Freitas.

Trata-se de Carlos Lacerda e Rubem Braga.

— Depois talvez eu passe por lá — digo, despedindo-me.

Entra um grupo de jornalistas e intelectuais muito politizados, com os quais pouco me dou: Barreto Leite,

Francisco Mangabeira, Otávio Malta, Osório Borba. Cumprimentam de longe; com Borba estou brigado, só farei as pazes muitos anos depois. Há uma outra mesa, muito próxima, cheia de integralistas; não conheço nenhum. Bem lá para o fundo do bar, porém, sentados na derradeira mesa, quase encostada à parede, diviso outros conhecidos: Santa Rosa, Valdemar Cavalcanti, Simeão Leal, Alberto Passos Guimarães; vou falar com eles; dizem-me que estão esperando Jorge Amado, que ficou de vir.

— Será que ele vem? — duvido. — O Jorge deve estar escrevendo outro romance.

Volto ao meu lugar. Aparece Amadeu Amaral Júnior e senta-se conosco. Está meio irritado, hostil.

Odylo suspira:

— Que pena o Magalhães não estar aqui com a gente!

— Rapaz! Ele anda comportado que só vendo, depois que se casou...

— Olha só quem está aí!

Dante Milano, o admirável poeta, surge à entrada do bar, sorridente, e parece ficar contentíssimo ao dar conosco. Ao contrário de Amadeuzinho, está de excelente humor. Conta que deixou o pintor Hugo Adami e o escultor Celso Antônio no ponto dos bondes, na rua do Passeio, e resolveu dar um giro pela Lapa.

— A Lapa é formidável! Você conhece o Ovalle?

Começa a contar coisas do Ovalle. De minha parte, depois do terceiro chope, fico comunicativo, eufórico — e com vontade de convocar todo o mundo.

— Escuta! E se a gente telefonasse para o Magalhães, dizendo que é do jornal e necessitamos dele na redação, para um trabalho urgente?

— Qual! Ele não vem... E a Lúcia ia ficar aborrecida.

— Vamos então chamar o Dante Costa? Espera aí. Já sei. Vou telefonar para o Pongetti.

— Isso! — apóia Dante Milano. — O Pongetti é ótimo.

Faço a ligação. Henrique Pongetti ri, evasivo, diz que já está de pijama, meio cansado, hoje não pode ser, fica para outro dia...

— Divirtam-se.

Volto decepcionado para a mesa. Pergunto por que diabo Joaquim Ribeiro não tem aparecido. De repente, tenho uma idéia:

— Nós podíamos era fazer o seguinte: vamos até o Danúbio Azul. Lá estão o Carlos Lacerda, o Rubem Braga e aquela turminha que saiu daqui... A gente confraterniza.

Minha mania é confraternizar. Dou-me bem em todos os grupos, com exceção do integralista, e dos jornalistas que só falam em política, e um terceiro, que também costuma aparecer pela Lapa, cujos componentes apenas conheço ligeiramente, sem nenhuma intimidade; entre eles, os romancistas Octávio de Farias e Lúcio Cardoso. O poeta Vinicius de Moraes de quem viria a me tornar amigo anos depois, em São Paulo, pertence também a esse grupo, mas em 1936, se não me engano, estava em Londres, assim como Jaime Ovalle. Na Lapa, não me recordo de ter visto nunca José Lins do Rego, Carlos Drummond de Andrade, Cyro dos Anjos, Jorge de Lima, Graciliano Ramos, Peregrino Júnior,[14] Aníbal Machado, Marques Rebelo, nem mesmo Manuel Bandeira, que nela morava. Como recorda R. Magalhães Júnior, madrugadas havia em que passávamos diante do seu apartamento "dando vivas ao poeta, para desespero dos seus vizinhos".

Com o arquiteto e desenhista Carlos Leão — Caloca —, que tinha grande fama de boêmio (Bandeira refere-se a ele na bela crônica "Golpe do chapéu", das *Crônicas da província do Brasil*), minhas relações nesse tempo eram apenas cordiais. Que me lembre, estive com ele uma só vez na Lapa, numa célebre noite em que encheu as páginas de um livro novo, que eu comprara nesse mesmo dia, de admiráveis desenhos pornográficos, a bico-de-pena, improvisados com espantosa rapidez e espontaneidade, enquanto dizia engraçadíssimas obscenidades.

---

[14]Peregrino Júnior, conforme contou depois num artigo, até morou na Lapa.

NOTURNO DA LAPA

Lembro-me também de uma outra noite em que levei Portinari à Lapa. Eu estava com Dante Milano, Celso Antônio e Hugo Adami no café Amarelinho (ainda era cedo) quando vimos o grande pintor, que saíra de um cinema, manquitolando serenamente pela Cinelândia. Adami, que se achava meio brigado com ele, nesse dia fez as pazes.

Sugeri, então, uma chopada na Lapa. Portinari, hesitante a princípio, acabou topando, mas quis antes parar numa confeitaria a fim de comprar meio quilo de bombons para levar à Maria, sua esposa, e Adami, que estava muito comovido com a reconciliação, fez absoluta questão de pagar. "Não senhor; você hoje não paga nada, era o que faltava..." Pagou, tomou o embrulho — "deixa que eu levo; você hoje não carrega nada" — e, enquanto nos encaminhávamos pela rua do Passeio para a Lapa, abriu-o e começou a comer tranqüilamente os bombons de Maria...

Candinho, malicioso como ele só, com aquele sorriso malandro que o tornava tão simpático, segurou-me pelo braço e segredou:

— O Adami é gozado! No fim, ele vai me dar o pacote vazio, você vai ver...

* * *

Como traças silenciosas, os ponteiros do relógio devoram a noite e marcam o ritmo da pulsação de sua agonia no monótono tique-taque dos segundos, estilhaços das horas devastadas. O bar começa a ficar deserto. O piano e o violino há muito se calaram, as garçonetes cochilam, no balcão o gerente boceja entediado e em nossa mesa, de que muitos já se levantaram, a conversa oscila, hesitante e preguiçosa, como a luz de uma vela bruxuleante, que se apaga. Sai um bêbado retardatário, escorrega, tropeça, perde o equilíbrio e cai; resmunga um palavrão, levanta-se com esforço, caminha aos trambolhões, desaparece na porta da rua, onde a noite moribunda o engole. Ninguém ri. Um triste, morno silêncio envolve todo o bar. Não há dúvida: vai raiar uma nova madrugada.

Foi lembrando-me dessas noites antigas que em 1955 eu escrevi a crônica "O dia ia nascer":

"Com uma clarividência espantosa, pressenti que o dia ia nascer. De fato, chegando à porta do bar, observei que, do lado do Oriente, o céu se manchava de leves tons cor-de-rosa e as árvores farfalhavam com essa misteriosa doçura que prenuncia a solitária aurora. João estava também alerta e lúcido:

— Resta-nos apenas meia hora de vida — murmurou.

Debruçado sobre a mesa, com a cabeça apoiada em manchas de bebida e num pratinho de amendoim, o poeta François Villon ressonava. Um fio de baba escorria-lhe mansamente dos lábios entreabertos e, ao cair na toalha de xadrezinho vermelho, transformava-se em poesia. A garçonete contava os cartões de chope e olhava o relógio. João pediu que nos servissem mais uma rodada, a penúltima. O chope estava quente, sem espuma e sem sabor. João indignou-se:

— Chamem a guarda real: vou me entregar. Não me presto mais a esta ignóbil comédia. Sou dom Carlos de Castañeda, conde de Bergamasca, primo do rei e irmão bastardo da rainha. Vocês verão como morre um grande de Espanha!

Controlou um vômito indiscreto, embrulhou-se majestosamente na sua capa de veludo negro e saiu. Vi-me sozinho e desamparado, diante de dois chopes quase intactos, um poeta adormecido e uma conta de 150 mil-réis, fora a gorjeta. Não sentia sono, nem cansaço. A garçonete despiu-se de sua radiosa juventude que dependurou com o avental, num cabide perto da porta dos fundos. Sem maquiagem, parecia uma pequena velha, encarquilhada e trêmula. Paguei a despesa e deixei-lhe, de gratificação, uma nota de dez, dois selos usados, uma pérola falsa e o rascunho de um poema inacabado; era tudo que eu tinha.

De bolsos vazios, coração vazio, alma vazia, saí para o restinho de noite que ainda se enfurnava nos vãos escuros dos becos estreitos, enquanto as primeiras cintilações de um sol invisível douravam os cimos dos morros distantes. Ah! Eu era moço naquele tempo! O mistério da vida fascinava-me e tudo transfigurava em beleza e lirismo. Desapareceram na poeira do tempo e no silêncio de alguns túmulos os velhos companheiros daquelas noites — François Villon, Ricardo Coração de Leão, conde de Bergamasca, Dick, o Corsário e ó tu, violada Violeta, violenta Violante, por quem pulsava o meu coração de vinte anos aos sons plangentes dos violinos e violoncelos das orquestras de bar...

O dia ia nascer. O asfalto das ruas já adquiria o cheiro do cotidiano e nos postes de bonde os últimos fantasmas transformavam-se em homens. Senti-me estranho, deslocado e absurdo naquela hora e naquele ambiente; era uma coisa da véspera, que sobrara para o dia seguinte. Subitamente, não me vi mais, dissolvendo-me na luz do sol que despontava."

O ESPANHOL QUE MORREU

"— Ay! — respondió Sancho, llorando — No se muera vuestra merced, señor mio, sino tome mi consejo, y viva muchos años; porque la mayor locura que puede hacer un hombre en esta vida es dejarse morir..."

MIGUEL DE CERVANTES SAAVEDRA
Don Quijote de la Mancha

ENTRE ODORES de cerveja fermentada, fumaça de cigarro, cansaço, vômito e sono, morriam as noites; auroras esplendentes ou mortiças nasciam; sucediam-se os dias e os crepúsculos; e outras noites despontavam...

O cenário sempre o mesmo. Mas às vezes os comparsas da aventura eram diferentes. Eu era homem de todos os grupos e, se os companheiros eram alegres, simpáticos, de boa paz, gostavam de beber chope e conversar, não havia motivo para não emendar as noites da Lapa, no mesmo bar ou em outro parecido, à espera das madrugadas sempre iguais...

Suponhamos que estamos em 1935 ou 1936. Um grupo de rapazes bebe chope no Danúbio Azul. É um grande bar, de tipo alemão, que fica na avenida Mem de Sá; no andar superior, há um cabaré. O barulho dos sambas e tangos que vem de cima é abafado pelo entusiasmo dos violinos e violoncelos da orquestra que funciona no próprio bar, especialista em trechos de ópera, canções húngaras, violinos ciganos, barqueiros do Volga, valsas de Brahms, serenatas de Schubert e Toselli...

O chope é excelente; os garçons, em sua maioria, são alemães; alemã é a comida que serve (pois o Danúbio é também restaurante) com predominância de frios e *delicatessen*; e, naturalmente, a clientela em parte é alemã. Entretanto, o racismo de Hitler, que por esse tempo já inquietava o mundo, não predomina no bar; pois muitos homens de cor bebem tranqüilamente o seu chope — e, de passagem para o cabaré, uma ou outra graciosa dançarina, de pele tostada, ali faz a sua refeição, ao lado do seu homem, ou do seu eventual "coronel".

Um grupo de rapazes bebe chope. O leitor de 1963 ficaria muito espantado de ver, em cordial camaradagem, em torno da mesma mesa, Carlos Lacerda e Moacir Werneck de Castro. Lá estão eles, entretanto, muito alegres, muito amigos, muito íntimos, sem a menor suspeita, ambos, de que a política haveria de separá-los para sempre, de maneira

O ESPANHOL QUE MORREU

lamentável e irremediável. Têm pouco mais de vinte anos. E quem poderá imaginar que Lacerda venha a ser um dia governador desta terra, onde agora é um simples rapaz que bebe chope com alguns amigos? Lá está Murilo Miranda, o bom, o fiel, o dedicado Murilo, homem que tem o culto da amizade e que, neste particular, será sempre o mesmo, através dos anos. Fisicamente, o Murilo de 1936 é um pouco diferente do de hoje; tem um ar juvenil e malicioso de garoto que está a arquitetar uma travessura... Ao seu lado, Lúcio Rangel, já nesse tempo interessado na música popular brasileira, mas não ainda o seu historiador e crítico. Ele, Moacir e Murilo são inseparáveis; às vezes, aos três, junta-se Dante Viggiani, o empresário teatral.

Mas quem é esse rapaz de espessas sobrancelhas, bigode negro, cara taciturna, meio caladão, que dá sempre a impressão de estar sofrendo um ataque de tédio, ou uma dor de calo? Muito jovem ainda, já é um nome conhecido dos meios literários e do público. É um cronista, um admirável cronista. Chama-se Rubem Braga.

O sexto conviva sou eu, que acabei de chegar. Mais de uma vez haveríamos de nos reunir, a mesma meia dúzia. Lembro-me especialmente, e com particular nitidez (mas isto foi anos depois), de uma célebre noite em que acabamos cantando em coro, os seis, com monótona insistência, uma infinidade de vezes, a *Amélia*, a tal que era mulher de verdade — e que julgávamos (eu julgo até hoje) uma beleza!

Com Murilo, Moacir e Lúcio estive muito mais vezes na Lapa do que com Rubem e Carlos. Com este, lembro-me de uma outra noite, no mesmo Danúbio Azul, em que eu estava meio irritado já não me lembro mais com quem e, quando este adversário ocasional deixou momentaneamente a mesa para ir ao W.C., eu comecei a dizer:

— Ele que não se meta muito a besta, não. Eu sou cesariano...

E toco a insistir na mesma tecla, e sobretudo na mesma expressão, a única que me ocorria, inteiramente despropositada: porque isto, porque aquilo, eu sou cesariano, e patati, patatá porque eu sou cesariano... até que Carlos bateu em meu ombro:

— Deixa de bobagem, Luís — disse, rindo —, cesariana é uma operação que se faz em mulher...

Quando Mário de Andrade se mudou para o Rio (mas já então eu estava em São Paulo) passando a residir no edifício em que eu morara, na rua Santo Amaro (no mesmo local em que anos antes existira uma das mais famosas "pensões de mulheres" do Rio), quase todas as noites se reunia com amigos, para intermináveis chopadas que se estendiam madrugada fora, na Taberna da Glória, que ficava pertinho de sua casa. Os participantes mais assíduos e regulares dessas reuniões eram exatamente Carlos Lacerda, Murilo Miranda, Moacir Werneck, Lúcio Rangel e Rubem Braga. Havia outros, mas estes eram certos, de todas as noites. E, sempre que eu ia ao Rio, não deixava de me juntar a eles.

✱ ✱ ✱

Rubem Braga disse-me uma vez que não fora "muito da Lapa". Realmente, não são abundantes as lembranças que dele tenho nas noitadas boêmias do velho bairro.

Um caso, entretanto, houve, passado na Lapa, que o próprio Rubem contou, numa admirável crônica, como só ele sabe fazer, intitulada "O espanhol da Lapa". É um caso estranho, mas casos estranhos constituíam o cotidiano desse bairro notívago, onde os fantasmas participavam da vida dos homens, sem espanto ou escândalo de ninguém.

É assim "O espanhol da Lapa":

"Ir para Copacabana já não tinha o menor sentido; seria regressar à idade moderna. Como dar adeus às sombras amigas, como deixar os fantasmas cordiais que se tinham abancado em volta ou de pé, e em silêncio nos fitavam?

Era melhor cambalear pela triste Lapa. Mas então aconteceu que os fantasmas ficaram lá embaixo, quando subimos a escada. E dentro de meia hora chegamos à conclusão de que o meu amigo é que era um fantasma. A mulher que dançava um samba começou a fitá-lo, depois veio, depois chamou outras. Nós somos pobres e a dose de vermute é cara. Como dar de beber a todas essas damas que rodeiam o amigo? Mas elas não querem vermute; bebem meu amigo com os olhos e perguntam seu nome todo. Fitam-no ainda um instante, reparam na boca, os olhos, o bigode, e se retiram com um ar de espanto; mas a primeira mulher fica, apenas com sua amiga mais íntima, que é mulata-clara e tem um apelido inglês.

Em que cemitério dorme, nesta madrugada de chuva, esse há muito finado senhor de nacionalidade espanhola e província galega? Esse que vinha toda noite e era amigo de todas, e amado de Sueli? Tinha a cara triste, nos informam, igual a ele, mas igual, igual. Então meu amigo se aborrece; não trabalha no comércio, nem é espanhol, nem sequer está morto, embora confesse que ama Sueli. Elas continuam; tinha a cara assim, triste, mas afinal era engraçado, e como era bom. E até aquele jeito de falar olhando a pessoa às vezes acima dos olhos, na testa, nos cabelos, como se estivesse reparando uma coisa. Trabalhava numa firma importante e um dia um dos sócios esteve ali com ele, naquela mesa ao lado, disse que quando tinha um negócio encrencado com algum sujeito duro, mandava o espanhol e ele resolvia. Sabia lidar com pessoas; além disso, bebia e nunca ninguém pôde dizer que o viu bêbado. Só ficava meio parado e olhava

O ESPANHOL QUE MORREU

as pessoas mais devagar. Mais de dez mulheres acordaram cedo para ir ao seu enterro; chegaram, tinha tanta gente que todos ficaram admirados. Homens importantes do comércio, e família, e moças, e colegas de firma, automóvel e mais automóvel, meninos entregadores em suas bicicletas, muita gente chorando, e no cemitério houve dois discursos. Até perguntaram quem era que estavam enterrando. Era o espanhol.

Sueli e Betty contam casos; de repente, o garçom repara em meu amigo e pergunta se ele é irmão do espanhol. Descemos. Quatro ou cinco mulheres vêm nos trazer até a escada, ficam olhando. Eu digo: estão se despedindo de você, isto é o seu enterro. Meu amigo está tão bêbado que sai andando na chuva e falando espanhol e some, não o encontro mais. Fico olhando as árvores do Passeio Público com a extravagante idéia de que ele podia estar em cima de alguma delas. Grito seu nome. Ele não responde. A chuva cai, lamentosa. Então percebo que na verdade ele é o espanhol, e morreu."

Não era o espanhol, nem morrera. Porque — pesa-me dizê-lo — Rubem não foi escrupulosamente verídico nesta bela crônica. Por outro lado, para ser justo, devo confessar que pouco inventou. Sim, essa noite existiu, é bem verdade que dois amigos estiveram num cabaré da Lapa, numa noite de chuva, e que um deles causou enorme sensação entre as dançarinas, devido à sua espantosa semelhança com certo espanhol que elas tinham conhecido no cabaré e que morrera. Tudo isto é verdade. E posso testemunhar, com conhecimento de causa, porque o amigo a quem se refere o cronista era eu.

Apenas... E aqui entra a pequena mentira do velho Braga: apenas, a pessoa que se parecia com o defunto espanhol não era o amigo — mas ele próprio.

Além de ser uma excelente crônica, esse trabalho de Rubem Braga é um admirável documento psicológico sobre a Lapa. O leitor, por menos familiarizado que seja com a atmosfera surrealista do velho bairro, senti-la-á com impressionante nitidez nessa história de fantasmas e, sobretudo, naquela extravagante idéia de Rubem de procurar o amigo (isto é, a mim) na copa das árvores do Passeio Público, como se ele (isto é, eu) pudesse estar lá em cima, transformado em solitário pássaro noturno.

Estas coisas — posso assegurar — aconteciam. Nas madrugadas da velha Lapa, as criaturas apareciam e desapareciam com a maior naturalidade, como se fossem fantasmas. Ia um grupo alegre ou triste, folgazão ou taciturno, palmilhando as desertas ruas ou os tortuosos becos, de repente...

— Onde se meteu Fulano?

Fulano, simplesmente, tinha sumido. E tanto podia reaparecer duas quadras adiante, completamente bêbado sem

O ESPANHOL QUE MORREU

ter ainda bebido nada, como não ser mais visto o resto da noite — e dois ou três dias depois fazer a sua reaparição na roda, queixando-se dos amigos que de repente o tinham abandonado sozinho, metendo-se ninguém sabia onde...

Foi pensando nessa atmosfera mágica da Lapa que eu escrevi o *Romance da rua do Sabão*:

> Isaura, a virgem sem mácula,
> mora numa casa de rótula
> da rua Conde de Lage.
> Toda as noites Isaura
> sai voando pela rótula
> — um lírio branco na mão —
> entra no transplanetário
> vai na rua do Sabão.
>
> (...)

Foi ela, essa atmosfera saturada de magia, que levou Di Cavalcanti a evocar, no seu poema sobre a Lapa, os cemitérios submarinos e outras iluminações valerianas:

> Ó cemitérios submarinos, voltai aos céus!
> Que o mundo se transfigure!
> Ó divindades, deusas caducas,
> Leis esquecidas, ressuscitai!

Casas caídas, berços queimados,
Ondas de azeite purificado de lamparinas medievais,
Virgens amadas por moços pobres.
Deuses do Olimpo,
Mãe dos soldados,
Sacerdotisas de saturnais.

Mas o clímax do surrealismo lapiano, quem o exprimiu de forma magistral foi Manuel Bandeira, no famoso *Noturno da rua da Lapa*:

"A janela estava aberta. Para o quê não sei, mas o que entrava era o vento dos lupanares, de mistura com o eco que se partia nas curvas cicloidais, e fragmentos do hino da bandeira.

Não posso atinar no que fazia: se meditava, se morria de espanto ou se vinha de muito longe.

Nesse momento (oh! por que precisamente nesse momento?...) é que penetrou no quarto o bicho que voava, o articulado implacável, implacável!

Compreendi desde logo não haver possibilidade alguma de evasão. Nascer de novo também não adiantava. — A bomba de flit! pensei comigo. É um inseto! Quando o jato fumigatório partiu, nada mudou em mim; os sinos da redenção continuaram em silêncio; nenhuma porta se abriu nem fechou. Mas o monstruoso animal FICOU MAIOR. Senti que ele não morreria nunca mais, nem sairia, conquanto não houvesse no aposento nenhum busto de Palas, nem na minh'alma, o que é pior, a recordação persistente de alguma Lenora."

Sim, na Lapa aconteciam coisas. Sendo eu próprio a pessoa que Rubem Braga procurava no cimo das árvores do Passeio Público, posso assegurar, sob palavra de honra, que não estava lá. Mas bem que podia estar. Efetivamente, viram-se coisas muito piores e, aparentemente, mais extravagantes e impossíveis. A Lapa era um jardim de espantos.[15]

---

[15]A propósito da boemia literária da Lapa nos anos 1930, Clóvis Ramalhete, em conversa, informou-me que fez parte de um grupo de estudantes que freqüentou principalmente o "bar dos siris" ou seja, o 49, em 1934 e 35. Eram seus companheiros habituais, entre outros, Rosário Fusco, Donatello Grieco e Francisco de Assis Barbosa, também *habitué* do nosso.

Comunicou-me ainda Ramalhete um episódio estranho e doloroso, que daria matéria para um conto, ocorrido no dia da sua formatura, quando ele e mais alguns colegas — entre outros, Víctor Nunes Leal, Alfredo Tranjan e Roberto Assunção — resolveram comemorar a data festiva num bar da Lapa, parece que o Túnel. Não o relatarei aqui, porém, porque não quero apossar-me — apesar de plenamente autorizado — de um assunto que poderá um dia, quem sabe, ser explorado literariamente pelo próprio Clóvis Ramalhete, num intervalo de suas brilhantes atividades de jurista.

O NOSSO CEMITÉRIO

"Mon plus vieil ami survivant
D'un groupe déjà de fantômes..."

PAUL VERLAINE

É IMPORTANTE assinalar-se uma coisa: daquele grupo de rapazes boêmios que nós fomos, passando muitas noites nos botequins e cabarés da Lapa, nenhum se perdeu. Quase todos nos casamos, constituímos família, ficamos homens sérios e compenetrados das responsabilidades da vida. Muitos tornaram-se nomes ilustres, respeitáveis e consagrados na literatura, no jornalismo, na política, na diplomacia, na magistratura, na cátedra universitária. Repito: nenhum se perdeu.

Alguns houve, contudo, que foram perdidos: perdidos por nós. E é óbvio que me refiro aos que morreram. Porque também temos o nosso pequeno e caro cemitério. E não posso deixar de evocá-lo aqui, ao relatar a boemia literária da Lapa, nos anos 1930...

O primeiro a nos abandonar creio que foi Martins Castelo. Era um moço inteligente e bom, leal e dedicado companheiro. Jornalista dos melhores da sua geração, que foi a nossa, inventou um dia de ir fazer reportagens na Europa, onde passou duras necessidades e contraiu a enfermidade que o afastaria, para sempre, do nosso convívio. R. Magalhães Júnior carinhosamente o evoca:

"Foi-se Martins Castelo, que passara meses a pão e banana, economizando os magros dinheiros do precário jornalismo da época, para uma viagem à Europa, onde entrevistaria Francesco Nitti e Carlo Sforza, além de uma infinidade de escritores franceses. O inverno de Paris meteu-lhe a tuberculose dentro do peito e ficaram, ele e ela, lutando durante dez anos, até que a inimiga o vencesse."

Creio que não foi no peito que a tuberculose o atacou, mas na laringe. Castelo voltou da Europa completamente afônico, conseguindo apenas se fazer entender através de um vago murmúrio rouco que dava aflição ouvir. Apesar de tudo, sendo pobre, não deixou de trabalhar. E de sair conosco, sem jamais se queixar, sem solicitar ou admitir a piedade alheia, fingindo a alegria, contando piadas, fazendo blagues, num estoicismo que nos causava admiração e pena. E assim vegetou durante anos.

Amadeu Amaral Júnior, filho do grande poeta, era paulista, como o pai. Apareceu pelo Rio muito moço, aí por 1930 ou 31, precedido já de nomeada como folclorista e jornalista, incorporando-se ao nosso grupo. Era um tipo estranho. Alto, grandalhão, desengonçado, muito míope, alternava momentos de bom humor com crises de agressividade e depressão, sobretudo quando bebia. Muito desconfiado, achava sempre que os outros não o tratavam com a consideração e o carinho que merecia.

Tinha grande talento. Mas a sua neurastenia desse tempo já era um prenúncio da perturbação mental que anos depois iria manifestar-se; morreu nas condições mais tristes, prematuramente, aqui em São Paulo, esse nosso companheiro da mocidade, a quem todos queríamos grande bem, apesar de suas freqüentes suspeitas em contrário.

Márcio Reis também era grande e corpulento, muito mais gordo do que Amadeu Amaral Júnior; mas, ao contrário deste, era calmo, bonacheirão e plácido. Repórter do *Jornal do Commercio*, foi por intermédio de Odylo Costa, filho, que se juntou ao nosso grupo, tornando-se, nos últimos anos, um dos comparsas mais assíduos das nossas reuniões na Lapa. Eu gostava muito dele.

Seu bom humor era inalterável. Mais idoso do que nós, mais experiente também, calejado na vida árdua da reportagem — inclusive, parece, a de polícia —, conhecia como as palmas das mãos as bibocas em que às vezes nos metíamos, impedindo, com a sua presença e autoridade, excessos desagradáveis ou desastrosos em nossas aventuras.

Casou-se, afinal, abandonando a Lapa. Soube, por Odylo, que estava muito feliz. Mas, desgraçadamente, logo depois de casado, surgiu a doença que em pouco tempo o mataria: ficou diabético. Eu já morava em São Paulo quando, indo ao Rio passar o Carnaval, encontrei-o numa festa; mostrou-se muito contente ao ver-me e, comovido, apresentou-me à esposa. Fiquei surpreendido e penalizado com o seu aspecto; emagrecera mais de vinte quilos, parecia uma sombra esquálida do que fora. Pouco depois, morreu.

Marcelo Rizzi chamava-se outro amigo que também nos deixou — e de maneira trágica: suicidou-se. Era italiano, um italiano baixote, atarracado, jovial e exuberante, como quase todos os seus patrícios. Divertia-se traduzindo para o seu idioma poemas escritos por nós; até da minha lavra traduziu um, que ficou muito mais bonito em italiano do que em português.

Sua morte foi um doloroso drama, em meio a tantos outros comuníssimos e ignorados, ou abafados, naquela época de horrores. Magalhães Júnior levanta uma ponta do véu: "O nosso grupo sofreu baixas. Foi-se Marcelo Rizzi, o italianinho socialista, que odiava Mussolini e se suicidou, com receio de ser mandado para a Itália, pouco tempo depois da morte misteriosa do adido aeronáutico fascista, Ugo Barbiani."

Enfim, Henrique Carstens. No tempo em que estudava Direito, ele conheceu, na faculdade, Odylo Costa, filho, seu contemporâneo. Conheceu e foi tomado de intensa admiração pelo colega. Odylo, para ele, era uma espécie de gênio, de ser superior, de guia da mocidade. Tímido, custou a aproximar-se de seu ídolo. Ele mesmo, mais tarde, me confessaria:

— Quando eu via, de longe, você passar em companhia do Odylo, sentia uma inveja louca. Acho que cheguei a odiá-lo por causa disso...

Carstens só começou a andar conosco, creio eu, aí por 1934 ou 35; mas então passou a ser um companheiro infalível, de todas as noites. Era rasgadamente, alucinadamente, juvenilmente boêmio; fazia coisas que nenhum de nós ousava fazer. Muito parecido com o ator George Raft — um George Raft acentuadamente moreno, quase índio —, orgulhava-se da semelhança e assumia poses cinematográficas, quando não resolvia, em plena rua, fingir de idiota e epiléptico, babando e tremendo, com o paletó pelo avesso e a camisa fora das calças...

Odylo arranjou para ele ser nomeado, depois de formado, procurador de um instituto de aposentadoria, excelente e respeitável cargo; continuou o mesmo, talvez até pior do que antes, porque tinha dinheiro e podia gastá-lo em farras.

Em 1937, apareceu o *Livro de poemas de 1935*, reunindo poesia suas e de Odylo Costa, filho; no exemplar que ambos me ofereceram, ele escreveu esta dedicatória:

"Ao monstro que, na Escola de que sou o manifesto vivo, foi quem sistematizou o que Odylo intuiu num momento de misticismo."

Por esse tempo, nós resolvêramos, de brincadeira, criar o "monstrismo", um pseudomovimento, ou escola literária; mas Carstens insistia em dizer — e esforçava-se por provar o que dizia com a extravagância de suas atitudes — que ele era o único "monstro" autêntico e puro.

Depois de 1937, o nosso grupo dissolveu-se; uns casaram-se, outros foram cuidar seriamente da vida, alguns viajaram; eu vim para São Paulo. Carstens ficou sozinho, na Lapa. Literariamente, creio que não produziu mais nada.

Anos depois, estando no Rio, eu passei uma noite no Bar Recreio, que ficava ainda, nesse tempo, na praça José de Alencar — e vi, bebendo sozinho, o nosso antigo companheiro. Sentei-me a seu lado. Ainda hoje me pergunto se realmente me reconheceu. Se reconheceu, não deu qualquer demonstração. Nenhuma saudação. Nenhuma efusão. Nenhum contentamento em me ver. Extraordinariamente sério, com uma expressão sombria, fitou-me apático, não correspondeu ao meu cumprimento e, de repente, pôs-se a falar; falou longamente, mas não parecia dirigir-se a mim; era um solilóquio em tom baixo, misterioso e confuso, de que apenas consegui captar uma ou outra palavra sem sentido. Pedi-lhe que parasse de beber; aparentemente, não me ouviu. Tentei conversar, perguntar-lhe coisas, estabelecer um diálogo normal, reviver o tempo antigo... Caiu então num mutismo absorto para, um ou dois minutos depois, recomeçar o estranho monólogo, agora em tom quase exaltado, parecendo irritado e cada vez mais sombrio. Despedi-me. Viu-me levantar da mesa com indiferença, como se eu fosse um estranho... Esse encontro, que foi o último, impressionou-me muito: tive a dolorosa intuição de que Carstens estava perdido.

Ao voltar da Europa, no começo de 1951, o navio permanecendo algumas horas no porto do Rio de Janeiro, eu telefonei a Odylo para saber das novidades. A primeira coisa que ele me disse foi o seguinte:

— Tenho uma triste notícia: o nosso Carstens morreu.

* * *

Estes são os nossos mortos. Não falarei aqui de outros, que também foram da Lapa, como Santa Rosa, Osório Borba, etc., pois se trata de personalidades conhecidas do público e que não foram esquecidas. Com Santa Rosa convivi bastante, nesse tempo, e até conservo um retrato meu feito por ele, a lápis, numa das mesas do Túnel, numa noite de tertúlia boêmia. Com Osório Borba, como já disse, estava brigado — e só vim a me reconciliar em 1945, em

São Paulo, durante a realização do I Congresso Brasileiro de Escritores.

Deles também me lembro com saudade.

* * *

Mas não apenas os mortos habitam este porão de casa velha, cheio de cacarecos, com os quais procuro reconstituir o mapa sentimental da juventude extinta. Lembro-me também de um vivo (não lhe direi o nome) que para todos os efeitos morto está. Era um rapaz inteligente, alegre, espirituoso e tudo isto — graça, alegria, inteligência — há muitos anos (dizem-me, porque eu nunca mais o vi) se apagou de chofre, na tragédia da perda da razão. Era nosso companheiro da Lapa. Muito moço, pouco mais que adolescente, chegara ao Rio e, na sua inexperiência juvenil, deixara-se fascinar pelos cantos de sereia do integralismo. Vestiu a camisa verde, participou de desfiles marciais e comícios arrogantes e quixotescos. Quando, mais amadurecido, compreendeu a falsidade, a má-fé, a miséria de tudo aquilo, abandonou tumultuosamente a sucursal indígena do fascismo, bandeando-se, com o ímpeto de sua alma apaixonada, que não admitia meios-termos, para o extremo oposto, o comunismo. Trocava de erro, mas sempre sincero e convencido de escolher o melhor caminho.

O NOSSO CEMITÉRIO

Dele me lembro com maior tristeza do que dos companheiros mortos. Há um outro também... Mas, deste, só eu e Kauffmann poderíamos falar, porque os outros não o conheceram. Não era da nossa roda; de roda nenhuma, aliás. Era um italiano de idade indefinível — suponho que tivesse pouco mais de trinta anos — simpático, embora caladão e ensimesmado, trabalhava em *O Jornal* como redator de assuntos do Exterior, fizera a guerra (a de 1914) e isto fora a sua desgraça. Porque, como soldado, vivendo a vida rude das trincheiras, aprendera a beber violentamente, para dominar o medo, tornando-se uma vítima da dipsomania. O seu vício era uma psicose de guerra.

A crise atacava-o periodicamente. Durante dois, três meses, era um indivíduo aparentemente normal, trabalhador, cumpridor de seus deveres e mantinha-se rigorosamente abstêmio. De repente, tudo se transformava. Começava por faltar ao serviço; não comia; bebia de manhã à noite, numa espécie de frenesi, de delírio, como que impelido por uma legião de demônios sequiosos e insaciáveis. Nos primeiros dias, ainda com dinheiro, mantinha uma certa compostura e dignidade, conservando uma aparência de pessoa asseada e corretamente trajada. Depois, acabado o dinheiro, e aumentando de intensidade a crise, tornava-se um molambo, maltrapilho, sujo, hediondo, a implorar de conhecidos e desconhecidos uma cachaça ou um níquel, o que vinha a dar na mesma, porque o níquel era para a cachaça. Cambaleava, então, pelas ruas da Lapa, como um mendigo bêbado, caindo aqui, arrastando-se acolá, rolando pelas sarjetas — sempre perseguido por um bando de garotos em assuada. Era dilacerante vê-lo neste estado.

Uma noite, encontrei-o, no início de uma das crises; ainda guardava uma aparência decente e pôde reconhecer-me. Pediu-me cinqüenta mil-réis, dizendo ser para comprar um remédio que o fizesse dormir — acalmando-o; passado o sono, acabaria a vontade de beber.

— Está bem — disse-lhe, percebendo a mentira. — Eu vou com você à farmácia e compro o remédio...

Isto o atrapalhou:

— Ele... ele... Bem. Ele só existe numa farmácia que eu conheço e é muito longe daqui. É um remédio estrangeiro.

— Não tem importância; tomamos um carro.

Diante da minha insistência, confessou-me francamente que não se tratava de remédio nenhum; o que ele queria mesmo era beber. Penalizado, falei-lhe longamente; ofereci-me para levá-lo, de fato, a uma farmácia, onde lhe seria aplicado um sedativo.

— Depois — acrescentei — você vai dormir em meu apartamento. É aqui perto.

Comovido, apertou-me a mão:

— Você não pode saber como lhe sou grato. Jamais esquecerei esse seu gesto. Mas não posso aceitar. Não ia adiantar nada... Eu preciso mesmo é de beber, beber muito, beber até esgotar-me completamente, até enjoar, até cair, até morrer... ou sentir que morri... Se você não me emprestar esse dinheiro, eu não sei o que faço. Sou capaz de roubar. Sou capaz até de matar...

Diante disto, que fazer? Dei-lhe os cinqüenta mil-réis. Ele se afastou rapidamente e sumiu na noite... Dois dias depois, vi-o arrastando-se pela Lapa, em estado miserável. Não me reconheceu.

Este não era da nossa roda. Mas agora, ao evocar a velha Lapa dos anos 1930, fecho os olhos, e tenho a impressão de estar vendo a sua silhueta humilde, triste e maltrapilha, a roupa toda suja de lama, a face intumescida, o olhar desvairado a rolar por aquelas ruas, sob os apupos de um bando de garotos...

Nunca mais soube dele. Não sei se está vivo ou morto. E até o seu nome esqueci...

BAR DE GARÇONETES

"Pauvres soeurs, je vous aime autant
que je vous plains!"

BAUDELAIRE

EM *A TERRA COME TUDO*, romance publicado em 1937, um ano depois do *Lapa*, eu descrevo um bar de garçonetes da Lapa, com uma fidelidade que hoje não me seria fácil reconstituir; o tempo come tudo — até as lembranças da gente. O estilo é mau, mas a anotação é preciosa.

"Seis horas da tarde. O bar ainda vazio. A hora da entrada das garçonetes. A primeira a chegar foi a Anita. Passou pelo balcão, cumprimentou o gerente:

— Boa-noite.

— Boa.

Um freguês sozinho diante de um chope, numa mesa afastada. Cumprimentou:

— Boa-noite.

Anita foi lá para dentro mudar de roupa, vestir o uniforme das garçonetes. Nenhuma outra chegara ainda. O garçom que

servia durante o dia foi botar o paletó, para sair. O freguês acabou de beber o chope. Anita aproximou-se:
— Outro?
— Sim, traga.
Sono. Silêncio. Só um murmúrio rouco de vozes na cozinha. O gerente apoiou o braço na bomba de chope, a cabeça sobre o braço e os olhos vagarosamente se fecharam.

Seis e meia quase. Aqueles diabos das garçonetes sempre chegando atrasadas. Sabiam que a entrada era às seis. Também a verdade é que não havia ninguém. Bem, mas se houvesse? Olha só a dificuldade para uma garçonete servir a todo o mundo...

Na rua, os bondes passavam com estrondo. Um bêbado chegou à porta, o nariz inchado, os olhos perdidos. Não entrou, achou triste o bar vazio. Bem, agora chegaram mais duas garçonetes, vêm juntas: Clarice e Marta.
— Boa-noite.
— Booooa... (O gerente boceja.)

Sônia entra gritando. Ah! Sônia acorda o bar. Hem? Como? O freguês sonolento desperta sobressaltado, fita os olhos embaçados no rosto alegre de Sônia. Ô, que menina bonita! O gerente até sorri. Chegam os músicos. Dois fregueses entram junto. Parece que foi Sônia que trouxe aquilo tudo. O bar vai começar a viver. Sônia pára em frente à bomba de chope, conversando com o gerente...

BAR DE GARÇONETES

Marta já voltou uniformizada. É loura, alta, fala um português penoso e cheio de erres. Com Sônia, fala alemão. Sônia responde. Que é que disseram? (O freguês sonolento pensa que aquilo é com ele.) Entram mais fregueses. Entram mais garçonetes. Entram alemães alegres, entram brasileiros nervosos e exuberantes. Entra um rapaz taciturno. Entra um turco. O bar vira um pedaço misturado do mundo. A orquestrazinha de piano e violino toca uma música cosmopolita e eterna, ninguém sabe de onde veio, ninguém sabe quando acabará. O bar vive. O silêncio aparece apenas na serenidade dos chopes vazios. Sônia trabalha. Com a bolsa de couro amarrada à cintura, com as fichas dentro da bolsa, ela corre de uma para outra mesa, distribuindo álcool e um pouco de felicidade para os homens sôfregos.

— Quer mais um chope?

Seu sotaque é engraçado, é gostoso, parece que vai cantar quando fala. Finge a ternura:

— Quer um duplo, meu bem?

— Senta aqui.

— Já, já. Deixa primeiro eu servir àquele freguês. Vai. Volta. Senta.

— Quer tomar qualquer coisa?

— Eu queria um guaraná...

— Pois então pede.

"Pede" é bobagem, é ela própria que tem de ir buscar. Bebe o guaraná, mas não se demora na mesa. Os outros homens também pagam, também dão gorjetas e ela tem que se distribuir com todos.

Um grupo de rapazes entra com barulho. Um barulho de farra adolescente. Um grandalhão vem na frente guiando a turma. Um franzino de óculos tem o ar aplicado de primeiros prêmios e vícios solitários. Chope! Chope! Juntam duas mesas. É aquela garçonete que serve? Aquela meio sem jeito, branca e séria como uma enfermeira? Que pena, tão bom que fosse aquela outra, mais morena, ali, de cabelos castanhos caídos sobre os ombros. Que boniteza!

Sônia recebe a homenagem de oito sorrisos sincronizados. Um homenzarrão de barriga, que vive nos bares e tem vagas pretensões de amor com a linda garçonete, não gosta da tímida e inocente homenagem estudantil.

— Pirralhos! — arrota, de mau humor. — Vem cá, Sônia!

Passa o braço peludo na cintura delgada. Puxa o corpo elegante contra a peitaça brutal. Ama. O amor, para ele, é apenas aquela agressão. A boca procura, hesitante, os lábios gostosos. Uma nuvem de revolta enruga a testa do mais franzino dos rapazes, o primeiro prêmio de óculos viciados. Agarra o copo com força, como se fosse atirá-lo à cara

BAR DE GARÇONETES

do brutamontes conquistador. Mas suspira, sem coragem, e engole o chope de uma vez.

Sônia, desamparada, procura desvencilhar-se do marmanjo. Pra disfarçar, sorri, sorri sempre, escondendo a raiva.

— Quer mais um chope? — diz. — Deixa eu ir buscar mais um chope...

— Não... Eu quero é você.

Todos olham. Sônia já está mesmo é por conta. Ninguém a defende. Tem de contar é com ela mesma, como sempre na vida. Dos homens que bebem, uns acham graça, outros viram os olhos revoltados, talvez com ciúmes.

— Me dá um beijo... Vamos!

A mão grossa aperta com força o braço da rapariga. Um safanão impaciente. Sônia cai sentada sobre os seus joelhos e ele mergulha os lábios cobiçados na sua boca de vaca amorosa.

Desta vez Sônia não agüentou mais e, quando conseguiu livrar-se dos braços que a apertavam, arrumou irritadíssima uma bofetada no sujeito. O cabra se levantou cego de raiva. O gerente largou a bomba de chope. O rapazinho nervoso agarrou o copo, com tanta força que este quase se quebrou. Houve um rebuliço louco. Os fregueses já então achavam que era demais e acabaram agarrando o sujeito, com o auxílio do gerente, que dizia conciliador:

— Que é isso, seu Manuel? Vamos, fique calmo...

O freguês era bom, de todos os dias, e a casa não ia perdê-lo assim sem mais aquela, ora essa! Sônia estava nervosa e danada da vida. Mas os outros homens, que também tinham bebido, já agora pegavam uma discussão violenta com o homem que beijara.

— A pequena até está chorando! (Mentira só.)
— Ora, vá pentear macacos! Que é que o senhor tem com isso?
— Tenho, sim senhor. O senhor não tinha o direito...
— Ora, vá...
— Heim? Que foi que você disse?
— É isso mesmo.

Cadeiras caindo ao chão, mesas arrastadas. Logo uma porção de gente agarra os contendores, puxando um para cada lado.

— Me larga! Me larga que vou mostrar àquele sujeito...
— Sujeito não, tá ouvindo? Me deixa! Me deixa!

Qual, com tanta gente no meio, não era mesmo possível brigar. Os dois adversários trocavam desaforos à vontade, enquanto dos dois lados os mediadores os iam afastando cada vez mais.

Chegou um guarda. A turma turbulenta saiu do bar. Voltou o sossego. Sônia limpou as mesas e apanhou os cacos de um copo quebrado. A orquestra, de piano e violino só, tocou um samba bem barulhento, com seu sotaque alemão.

Um homem de óculos escuros entrou e escolheu meticulosamente uma mesa.

Sônia aproxima-se, sorri, o mesmo sorriso de todas as noites, cumprimenta e pergunta:

— Que vai tomar?

— Um chope.

— Duplo?

— Não, pequeno. E me veja também um sanduíche de presunto.

— Sim, senhor, vem já.

Vai para o balcão providenciar o que o freguês lhe pedira. O relógio avança silenciosamente para a madrugada.

As portas se fecham com estrondo. Em três mesas ainda há fregueses. Numa delas, quatro sujeitos falam alto e riem grosseiramente. Em outra, um homem dorme. Na terceira, dois rapazes bebem e conversam com duas garçonetes, Sônia e Clarice. Anita, em outra mesa afastada, cochila e conta as fichas. As outras já tinham saído.

Sônia tem sono. Boceja. Um dos rapazes abraça-a.

— Não faz isso...

Ele está embriagado, quer beijá-la.

— Não faz...

Sônia sabe esquivar o corpo sem deixar de sorrir. Já esqueceu o incidente de horas antes e a bofetada que dera no outro impertinente. O rapaz, também, não insiste. Repara que as portas já estão fechadas.

— Chi... Como é tarde! Que horas são?
Sônia consulta o relógio de pulso:
— Quatro e meia.
— Vamos embora.
Pagam. Deixam dois mil-réis de gorjeta. Os homens da outra mesa também já vão saindo e o gerente está levantando o bêbado sonolento. Sônia senta-se, conta as fichas, vê quanto vendeu e o que lhe cabe de sobra. As casas que se servem de garçonetes não pagam ordenados. Dão cada noite uma certa quantidade de fichas às raparigas, correspondentes a uma determinada quantia, digamos, cento e cinqüenta mil-réis. À proporção que elas vão vendendo as bebidas, vão entregando ao gerente as fichas correspondentes aos seus preços. As garçonetes guardam o dinheiro. No fim da noite, com aquelas fichas, verdadeiros vales, o gerente cobra a sua féria. Elas ganham apenas as gorjetas.

Sônia fez nessa noite vinte e dois mil-réis para ela.[16] Está bem. É a garçonete que mais ganha. Clarice, entretanto, está triste e tem um ar revoltado. Ficou acordada até cinco horas da manhã para fazer apenas três mil e duzentos.

---

[16]Mesmo levando-se em conta o valor do dinheiro naquele tempo, houve exagero da minha parte: na realidade, Sônia fazia muito mais, como também é evidente que Clarice não podia ganhar apenas, numa noite, três mil e duzentos réis. Neste caso, seria melhor pedir esmola.

BAR DE GARÇONETES

Não é bonita. E lembra-se com amargura que tem um filho para sustentar e o coitadinho está doente...

As ruas desertas e escuras. As lâmpadas dos postes acabam de se apagar. Longe, por cima do mar distante e invisível, uma larga mancha vermelha denuncia a presença próxima do sol.

Sônia deixa o bar. Vai sozinha. As carrocinhas de leite passam pelas ruas pitorescas da Lapa, purificadas pela madrugada.

A garçonete vai para a casa. Um quarto pequeno, mal mobiliado, num segundo andar. Ela sobe as escadas, sentindo o cheiro desagradável das habitações coletivas, o ar abafado e morno das casas velhas.

Quase todos, na velha casa, já estão se levantando para iniciar o seu dia, quando a noite da garçonete ainda nem começou..."

* * *

Essa Sônia, principal personagem feminina do romance, me foi inspirada por uma garçonete do Túnel da Lapa que, de fato, existiu. Chamava-se Mary. Esta bela judia de vinte anos (em verdade, e sem exagero, uma das mais belas mulheres que conheci) eu iria, alguns anos depois, reencontrar em São Paulo... Bem, mas isto é uma outra história, que nada tem a ver com a Lapa.

Sua permanência no Túnel foi rápida. Apareceu aí por fins de 1936, ou começo de 37, e já no declínio deste, que marcou também o acaso da minha vida lapiana, não era mais garçonete.

Aquela que, no romance, figura com o nome de Marta (não me recordo mais seu nome verdadeiro) tinha uma irmã, que não era garçonete, mas vivia quase sempre no bar. Bem mais moça do que Marta, vivia maritalmente com um figurão da época, que a mantinha em alto escalão, com apartamento de luxo na Zona Sul, carro particular e tudo mais. Era uma alemãzinha muito bonita e graciosa, tipo *mignon*, e quem a visse, assim tão aparentemente frágil e delicada, não poderia imaginar a extraordinária capacidade que tinha aquela criaturinha para beber — e beber chope, o que é pior. Ingeria toneladas. Ora, o figurão, com freqüência, viajava. E a moça entediava-se em seu apartamento, sem saber o que fazer para passar as noites; então, lembrava-se da irmã e enfiava-se no Túnel da Lapa, com seus vestidos caros, jóias e peles, pondo uma nota estranha de elegância e luxo naquele ambiente modesto de boemia descuidada, onde o elemento feminino, positivamente, não costumava primar pelo rigor da indumentária.

Coitada! Tanto bebeu, tantas noites perdeu em claro, que ficou tuberculosa. Desapareceu de circulação. Às vezes, eu tinha dela vagas notícias, pela própria irmã. Depois, perdi a ambas de vista. Não sei que fim levaram.

* * *

A alemãzinha era bonita e graciosa, mas a judia Mary era uma beleza. Curioso! Odylo não simpatizava com ela. Não simpatizava, principalmente, com a sua maneira de rir, um riso afetado e artificial, que brotava nos lábios de repente e da mesma forma se extinguia; ela passava do estado de seriedade para o riso — e vice-versa — sem transição, como se fizesse funcionar um aparelho mecânico, ligando e desligando um botão elétrico. Até este detalhe figura em *A terra come tudo* (página 91):

"Álvaro observava-a com curiosidade. Que diabo de impressão esquisita lhe deixava aquele sorriso parado, fixo e postiço, aquele sorriso cuidadosamente traçado como se fose a maquiagem de uma artista!"

— Riso falso — dizia-me Odylo, sem nenhuma simpatia. — Essa mulher é uma hipócrita.

Anos depois, quando tornei a encontrar Mary em São Paulo, surpreendi-me ao ver que ria de maneira completamente diferente, com espontânea naturalidade. Contei-lhe a impressão que deixara em meu amigo e, para surpresa minha, ela pôs-se a rir como antigamente:

— Era assim, não era?

E ante o meu assentimento:

— Seu amigo tinha razão — disse-me. — Naquele tempo eu ria sem vontade nenhuma, apenas por dever profissional. Trabalhar de garçonete não é lá muito divertido...

E, pelo visto, não era mesmo.

A "VIDA ALEGRE"

"La vie n'est de soy ny bien ny mal: c'est la place du bien et du mal selon que vous la leur faictes."

MONTAIGNE

ESTIVE relendo estes dias o meu romance *Lapa*. Talvez em conseqüência dos males que me causou, eu tomara por esse livro uma grande aversão. Mas agora, relendo-o depois de tantos anos, surpreendi-me descobrindo nele certas qualidades que me levam a julgá-lo com maior benevolência e simpatia.

É evidente que certos aspectos da Lapa, que descreve, eu hoje não poderia reproduzir literalmente com a mesma espontaneidade e nitidez: uma espessa muralha de tempo se interpõe entre os fatos e a sua reconstituição através da memória. Quando escrevi o *Lapa*, eu estava muito mais próximo do meu assunto e impregnado de sua atmosfera, embora — é preciso que se diga — em 1936 eu já não participasse daquela vida angustiante e daquele ambiente sórdido e dramático em que se movimentava o personagem principal do romance — aquele que relata a história.

Refiro-me, é claro, à prostituição. Na época em que escrevia o romance, eu ainda era um freqüentador mais ou menos assíduo dos bares e restaurantes do bairro do mesmo nome, neles passava parte das minhas noites com amigos, conversando ou discutindo sobre tudo, literatura principalmente; mas já não me perdia, ávido de emoções pecaminosas e bêbado de atmosferas saturadas de mistério, pelas "pensões" da rua Conde de Lage e adjacências. A realidade começava a se tornar memória; havia contudo ainda, entre as duas, uma grande proximidade de tempo.

Mesmo que quisesse (não quero) eu não poderia hoje, portanto, reescrever o *Lapa*; ele me serve, todavia, como uma fiel anotação do passado.

A impressão dominante que me fica da releitura dessas 154 páginas envelhecidas é a de uma insinuante, angustiante, asfixiante emoção dramática, banhada de ingênua poesia. Emoção que talvez — por insuficiência do narrador — não tivesse a força de se transmitir e impor ao leitor, em toda a sua pureza e intensidade, mas que eu próprio, embora já tão desligado do homem que era em 1936, não posso deixar de sentir. Restituo-me à minha juventude, e esta identificação retrospectiva com a sensibilidade de outrora

A "VIDA ALEGRE"

solidariza-me com ela e leva-me a compreender e a aprovar o romance que o seu influxo produziu.

Mau romance. Alguns críticos disseram na época — e com razão — que era mais reportagem sentimental do que romance propriamente dito. O curioso é que eu próprio, prevendo a restrição, advertia na "Nota absolutamente necessária", que antecedia a narrativa:

"Muita gente duvidará, talvez, que se trate de um romance. Digam que é reportagem. Reportagem no gênero dos livros sensacionais de Albert Londres, como *Le chemin de Buenos-Aires*, que eu só li, aliás, quando este já estava acabado."

Por esta citação se vê como era pequena, na época, a bibliografia de que dispunha sobre a prostituição e, portanto, como era pouco "livresco" o impulso que me levou à aventura de escrever um romance que a tinha como assunto.

Depois, é certo, interessado "cientificamente", digamos assim, por esse tema no meu entender apaixonante, acumulei uma pequena biblioteca especializada, não só de obras de especulação sociológica, mas também de todos os livros de ficção ao meu alcance, explorando o drama dessa escravidão eterna.

As raízes do *Lapa*, porém, não são literárias; quero dizer que nele não há literatura, no sentido de invenção, de criação estética, embora, a rigor, tudo se situe no plano da ficção, dado que os personagens são puramente imaginários e os fatos descritos meras transposições, deformações ou adaptações da realidade. Esta leve mistificação, porém, não basta para tirar ao livro o seu caráter de documentário, de depoimento baseado na verdade, justificando, por conseguinte, a classificação de reportagem. Inclusive na autenticidade das reações psicológicas do personagem principal, em face do drama; e neste sentido — só neste sentido — sou obrigado a reconhecer (isto é, o homem sensível, impressionável, juvenilmente emotivo que eu era em 1936) uma total identificação com ele, como se Paulo Braga fosse o meu *dublê* ou o meu heterônimo.

Nenhum *parti pris* de cultura, nenhuma defesa de tese, nenhuma intenção preconcebida de produzir uma obra "sobre" a prostituição, me levou a escrever o *Lapa*. Não preciso dizer que ele deriva — *hélàs!* — de uma experiência pessoal. Como todos os rapazes do meu tempo, eu passei por esse purgatório do sexo, com a diferença, entretanto, que desde cedo me foi dado ver e sentir o lado doloroso e vil desse torpe comércio, comovendo-me com o ultrajante rebaixamento da condição humana à sua própria caricatura.

Como escrevia na própria introdução do romance, este era um livro "de sincera e amarga revolta", embora hoje o ângulo pelo qual encaro o problema talvez se tenha, em parte, modificado. Em 1936, ele me impressionava, sobretudo, pelo seu aspecto social; hoje, me parece mais doloroso, inquietante e trágico como um problema de ordem moral.

A "VIDA ALEGRE"

Entenda-se: não a prostituição em si mesma, como hoje se apresenta nas sociedades civilizadas, ou seja, o mercado do corpo feminino imposto quase sempre pelas necessidades da miséria econômica. O mais aflitivo, porém, não é que a miséria produza a prostituição, isto é, que haja entre os dois flagelos uma correlação de causa e efeito — até aí fenômeno social; mas que um possa ser o antídoto do outro, dada a condição especial das relações entre os dois sexos, não como componentes equivalentes e complementares da espécie humana, mas na base de um dualismo adverso, perseverando, através dos séculos, na degradante concepção edênica da angelitude essencial do homem em oposição à natureza demoníaca e corruptora da mulher. Quando, no caso, o corruptor é o homem; quando é ele, sob todos os aspectos, o beneficiário do crime da prostituição — e a mulher, a sua grande, resignada e silenciosa vítima.

Foi por compreender desde cedo esta revoltante injustiça que, na abertura do *Lapa*, eu transcrevia, ao lado de um trecho significativo e justo de Albert Londres, assinalando o aspecto social do problema do meretrício (Le trottoir n'a jamais été l'antichambre des aventures et de la volupté. Il fut et demeure encore, uniquement, le chemin du restaurant), estas palavras admiráveis do Mahatma Gandhi, extraídas do livro *La Jeune Inde*:

"De tous les maux dont l'homme s'est rendu responsable, il n'en est point de plus abject, de plus honteux et de plus brutal que sa façon d'abuser de ce que je considère comme la meilleure moitié de l'humanité: le sexe féminin, non le sexe faible. C'est à mon avis le plus noble des deux, car même aujourd'hui il incarne le sacrifice, la douleur silencieuse, l' humilité, la foi et la connaissance."

* * *

Não era *Lapa* que se devia chamar o meu livro, mas "Prostituição". Foi Jorge Amado quem me aconselhou a mudança do título, achando o último brutal demais para nome de romance. Lembro-me de que Manuel Bandeira, depois de ter lido o livro, disse-me:

— Gostei, mas falta a igreja...

Faltava, não só a igreja, como a própria Lapa, a sua atmosfera, o seu ambiente, a sua vida, o seu encanto, o seu mistério. Não era ela o meu assunto — e nunca deixei de me sentir constrangido quando alguém se referia a mim dizendo: o romancista da Lapa. Quando eu pretendera apenas fixar, numa espécie de reportagem sentimental, alguns aspectos, que conhecera e muito me tinham impressionado, da prostituição carioca.

Não posso negar, contudo, que algumas cenas se passaram na Lapa mesmo. E as minhas lembranças não ficariam completas sem as achegas que andei catando, aqui e ali, entre as 154 páginas do livro.

A "VIDA ALEGRE"

Esses trechos descritivos, eu os submeterei ao leitor, pedindo-lhe, ainda uma vez, lembrar-se de que não sou eu quem fala, é o meu personagem; não foi Luís Martins quem passou por essas experiências e viveu essas aventuras — mas Paulo Braga, uma criatura de ficção.

Vejamos o que ele conta, submetido o seu vocabulário a um módico e indispensável expurgo:

"Entrei na 'pensão' com mais dois amigos. Tinham decorrido uns anos depois daquela primeira crise adolescente que, aliás, passara com rapidez logo nos primeiros dias de convivência com as prostitutas do *rendez-vous*.

Entrei na 'pensão', devia ser meia-noite. Tínhamos vindo de um cabaré, onde bebêramos cerveja.

A gerente, espanhola gorda, cumprimentou:

— Boa-noite, senhores.

— Boa-noite.

— Não querem sentar para tomar qualquer coisa?

Sentamo-nos. A 'pensão' era modelar. Quando um 'freguês' entrava, embaixo, o porteiro apertava uma campainha elétrica. Em cima, na sala, dava o sinal.

As raparigas, que estavam conversando ou bebericando só para passar o tempo, nas mesas de indivíduos que evidentemente não 'iriam' com elas, pediam licença, levantavam-se rapidamente e perfilavam-se numa série de cadeiras encostadas a uma das paredes, todas apresentando o sorriso pro-

fissional. O 'freguês' chegava. Se escolhia alguma, as outras saíam de forma, voltando à posição primitiva. Se não escolhia nenhuma e só entrava para beber, a mesma coisa. Aquela disciplina militar me fazia mal.
De instante a instante a campainha tocava. De instante a instante, aquela manobra.
O José, garçom, português quarentão e cansado (como vai, José?), olhava tudo aquilo com um bruto desprezo e não fazia a menor cerimônia para expor a sua opinião bem pouco lisonjeira sobre o ambiente em que vivia.

— Olha esse troco, José. Essas notas estão boas?
— Ora se estão! Tudo isto é dinheiro de trepada!...
— Você dorme aqui?
— Eu? Deus me livre! No meio dessas mulheres sifilíticas?

As raparigas ouviam aquilo indiferentes, sem o menor sinal de revolta ou de mágoa. Era como se estivessem bem distantes."

* * *

"Quando os cabarés se abriam, começava a vida aventureira dos rapazes pálidos, perdidos miseravelmente no sol anêmico das lâmpadas elétricas dos cafés. Eu freqüentava os bares alemães, bebia chope, fumava que não acabava mais,

A "VIDA ALEGRE"

esforçando-me heroicamente por não pensar, ruminando a minha amargura de ser só e ser inútil.

A vida era um panorama pálido. Eu, homem oscilante e de transição entre dois mundos, morria quotidianamente sem esperanças, porque não descobrira o sentido profundamente humano do meu tempo, onde os homens são heróis em luta permanente.

Ninguém chegara na minha vida, nada acontecera no meu passado. Eu não era triste por programa, mas vivia, com franqueza, sem grande *élan*, aceitando resignadamente a minha solidão e o meu desencanto.

Não me importunavam conceitos de moral nem a opinião das outras pessoas. Bebia chope até tarde nos bares melancólicos e depois ia dormir com Lia."

* * *

"— Ah! Meu filhinho, essa vida!... Não há nada de tão duro, não há nada de tão triste!... Às vezes estou só perguntando pra mim mesma se o melhor não é logo a gente beber veneno de uma vez...

Não havia artifício nenhum, nenhuma vontade de dramatizar a vida. Era mesmo desgraçada.

— Nasci longe daqui, meu filhinho.
— Onde?

— Adivinha.
— Você é do Norte...
— Sou sim, de Alagoas. Mas vim pequena pr'a aqui. Papai é negociante. Nós morávamos em Vila Isabel. O homem que me desgraçou se chamava Nelson.

Dizia tudo de uma vez, misturado, sem método.

— Como foi que ele te descabaçou?
— Era meu noivo. Caixeiro-viajante. Já estava tudo pronto, ele tinha arranjado licença pra ficar aqui pro casamento. Me descabaçou e depois não quis mais casar. Foi na casa dele.
— E teus pais?
— Mamãe vive separada de meu pai, sabe? Papai ficou com os filhos. Mas nesse tempo ainda andavam juntos. Imagina só; eu fiquei com cancro.
— Puxa! Mas foi o teu noivo que te pegou?
— Foi. Ele não sabia. Depois inda quis que eu fosse com ele. Mas eu não quis. Você sabe, eu ia, ele enjoava de mim, deixava largada por aí em terras dos outros, não acha?
— Pois é. De formas que eu não quis ir.
— E ficou em casa?
— Fiquei. Me tratei na casa de saúde, até foi papai quem pagou tudo.

Ficou com a voz triste. Falava baixinho, devagar, como quem recorda.

— O homem que fugiu comigo se chamava Ricardo...
— O teu noivo?

A "VIDA ALEGRE"

— Meu noivo não. Já foi depois. Tinha ficado boa do cancro, gostei desse tal Ricardo, fugimos juntos. Fui morar em Niterói.

Um silêncio. Sorriu.

— Quando fugi, levei meu irmãozinho menor. Tinha dois anos nessa ocasião.

— Por que levou?

— Gostava dele. Depois Ricardo me deixou também. Eu fiquei de barriga. Depois mamãe se separou de papai, foi morar sozinha. Papai ficou com os filhos. Mamãe só ficou com o menorzinho e o meu garoto. Eu preciso trabalhar, meu filho, porque todo o dinheiro que eu ganho é pra sustentar eles. Você não imagina como é duro! Meu irmãozinho, eu considero como um outro filho. Esta vida é a mais triste de todas. Vale mais a pena mesmo a gente trabalhar. Se eu arranjasse emprego, deixava isto.

Não havia artifício nenhum na sua voz. Falava baixo, misteriosamente, mas era de tristeza mesmo:

— A gente corta uma volta aqui, meu bem. Você é bonitinho... (parava pra me olhar). Tão bonitinho!...

— Escuta. Mas por que é que você acha ruim esta vida?

— Oh! Mas então! Você nem imagina. A gente tem que fazer o diabo pra se arranjar o dinheiro da diária. Se há homens assim como você, que a gente tem gosto de ir com eles, há outros que é um horror. A gente só vai mesmo porque é preciso... Mas você não imagina como é ruim a gente ir com homens suados, sujos... Cada um! Às vezes sobem pr'aqui de porre e chateiam a gente a noite inteira. Mas é preciso... Só a diária que a gente paga, meu filho... E ainda preciso ganhar dinheiro pra mamãe. Você sabe, ela vive de costuras, mas quer também fazer a vida. Ela é moça como eu. Todo o mundo pensa que nós somos irmãs. Até eu pareço mais velha.

Refletiu um momento, continuou:

— É esta vida, sabe? A gente fica acordada a noite toda... A gente vê moças de família tão bonitas, tão bem tratadas, de trinta, trinta e cinco anos, parece que têm vinte, vinte e dois, não é? Eu tenho vinte e um e estou assim... Qual, meu amor, isto não é vida, não...

— É mesmo...

— É. Mas agora eu tenho um projeto. Vou juntar aí uns dinheirinhos, fazer umas *toilettes* bonitas, depois vou ver se arranjo pra trabalhar de dançarina. Pego qualquer contrato, pra fora daqui ou mesmo pro estrangeiro...

Falava a sério... A vida não fizera nenhum mal à sua ingenuidade. Eu não quis lhe dar desilusões. Calei-me.

(...)

Foi a criatura mais triste e mais humilhada que já vi na vida.

— A gente tem que aturar tanta coisa!... — dizia. E um dia tomou veneno."

* * *

A "VIDA ALEGRE"

"Nos quarteirões do meretrício, a vida quase não pára. De madrugada, há ainda uma ou outra rara porta aberta e, lá dentro, um ou outro visitante retardatário, um garçom morto de sono e uma outra mulher que sobrou do dilúvio universal.

Num melancólico fim de noite, eu vagava sozinho por uma dessas ruas de trânsito noturno, cheia de automóveis adormecidos, árvores silenciosas e um insuportável cheiro de urina (os farristas despejavam a cerveja bebida entre as pedras).

Quase todas as pensões já estavam fechadas. Uma somente continuava funcionando.

Subi a escada de madeira, que rangeu medonhamente no silêncio. Na sala, quatro sujeitos conversavam em torno de uma mesa e cinco garrafas de cerveja.

Sentei-me, sozinho, a uma mesa, o mais longe possível do grupo, e pedi cerveja ao donzel que servia de garçom.

O grupo continuou a conversar. Um magricela dentuço dizia para outro:

— O senhor talvez não acredite. Mas eu tenho uma despesa diária de cem mil-réis por dia.

E repetia, cheio de auto-admiração:

— Uma despesa diária de cem mil-réis por dia!

Era um jovem negociante e dizia-se muito bem instalado, com muito lucro, apesar da tal despesa tão duplamente diária. Mas, de repente, deu nele um acesso de lirismo aventureiro:

— Vou lhe dizer... Qualquer dia, deixo tudo, o negócio, a família, os amigos e toco-me aí pelo mar para qualquer lugar. Sou louco para conhecer terras...

O outro era um sujeito importantíssimo, um cantor de rádio. Sempre tive implicância com os cantores de rádio. Aquele era bem solene, grave, doutoral:

— Nós, os artistas de rádio...

Eles, os artistas de rádio, não concordavam com o romântico negociante:

— O senhor faria uma asneira. Não vá. Mais tarde, o senhor vai dar razão a si mesmo.

O magricela ouvia-o com respeito e acatamento, visivelmente honrado com a palestra do "artista". A voz grave e doutoral lambia o silêncio:

— O principal fator do nosso sucesso é o mistério. O público não deve saber como somos, para poder ter a ilusão. Deve imaginar...

A cretinice da conversa irritava-me. Mas a minha cerveja não acabara ainda e, demais, eu chegara ao momento do pavor nas minhas noites boêmias: quando sentia que elas iam acabar, sem remédio, no início de um outro dia. Sentia, então, um desejo quase delirante de prolongar a noite que se extinguia."

* * *

A "VIDA ALEGRE"

"Afinal, o exílio acabou. Voltei com uma bruta saudade da minha cidade, das noites inúteis que a distância tinha cercado de um novo encanto.

E assim que cheguei, na mesma noite, depois do jantar, corri para a Lapa.

Bairro triste e boêmio — Lapa dos meus amores — foste muito tempo o cenário melancólico da minha vida.

O viaduto dos Arcos parecia um grande gato sonolento. Mas era uma sombra enorme que se elevava na noite, o único belo monumento da minha cidade sem tradições, e os vagabundos urinam irreverentemente em suas bases, porque não sabem — ah! não sabem! — que a alma da cidade está enterrada ali.

Os automóveis passeiam o progresso em procissão e querem passar. O vasto gato sonolento abre as pernas complacentes, com uma bruta indiferença soberana, deixando que os automóveis passem por baixo. Nada perturbará o sono dos séculos que morreram.

Lapa triste. Um, dois, três cabarezinhos degenerados se estorcem, gritam, se requebram, suam, quase morrem de histerismo, e a vida continua mais triste. Lapa vagabunda. Os *chauffeurs* cantam sambas batendo baixinho nas portas dos automóveis. Lapa imoral. As prostitutas passeiam...

Dois anos se tinham passado, mas a vida era a mesma, igualzinha. Pouco a pouco, fui reencontrando e reconhecendo os lugares por onde arrastara a minha juventude à toa.

É verdade, ali eu gastara os meus melhores anos. Ali, pode-se dizer, eu vivera.

De princípio, uma ternura imensa. Depois, a ternura diminuíra um pouquinho. E, mais tarde, já não tinha mais era ternura nenhuma, por desta vida. Achava tudo até muito amolante, e os homens, as casas, as pedras do caminho, as estrelas do céu, todas as paisagens e todos os rumos ficavam para mim sem nenhuma significação de lirismo.

Só uma vontade bem inútil de pensar verdades inúteis sacudia de vez em quando a minha energiazinha bruxuleante. Só um desejo bem triste, digamos, de beber chope, levava a minha aparência frouxa para os bares noturnos da Lapa.

Aí sim.

Orquestrinha bem vagabunda de músicos sem celebridade afundava o barqueiro do Volga nas águas sambistas do Mangue. A portuguesinha comparecia com o fado bem mauzinho, por sinal. Os simbolismos se gastavam pelas paredes, sem ninguém aproveitar. E as garçonetes não paravam, distribuidoras generosas de chope, vermute, uísque, sonho, tristeza, amor, esquecimento e outras interpretações..."

* * *

Assim era a Lapa nos anos 1930...

OS CABARÉS

"Foi num cabaré, na Lapa,
Que eu conheci você..."

NOEL ROSA

NUMA CRÔNICA SOBRE a Lapa, já citada neste livro, Ribeiro Couto escreveu: "São outras as luzes vermelhas das tabuletas; o que nós dizíamos 'clube' há mais de vinte anos, agora se diz *dancing*."
Ora, eu acho que o querido e saudoso Couto equivocou-se: *dancing* — o que se chamava *dancing* no meu tempo — não existia na Lapa; o que existia, era o chamado "cabaré".
Tratava-se, de fato, de duas instituições diferentes, como se poderá ver por este trecho do meu *Lapa*:
"O *dancing* onde Lina trabalhava não tinha novidade nenhuma. Era igualzinho a todos os outros. Ainda agora, remexendo em minha mesa, achei um papel com estes velhos apontamentos:
'*Dancing*.

Rapariga de vermelho. Gandaia.
Rapariga de blusa vermelha e saia marrom. Triste. Romance.
Rapariga de preto, moreninha, gozada, alegre, amante do visconde.
Jogador célebre de futebol preto. (Aí eu acho que esse *preto* está sobrando ou então devia estar entre *jogador* e *célebre*. Mas o fato é que estava assim mesmo no papel.)
O atleta ilustre.
Eu.'
(...)
Quando eu bebo, fico muito literato, e isto é um defeito desgraçado, porque dou para descrever ambientes.
Justamente nas costas daquele papel, eu tinha uma outra descrição, a de um cabaré:
Olhem só:
'Cabarezinho ordinaríssimo.
Mulheres mexendo as nádegas com vigor para ganharem bebidas à custa da excitação sexual dos machos.
Desolação imensa. Alguns últimos românticos mergulhados na quinta dimensão.
O *cabaretier* camelotava:
— Agora um samba para animar!
O pessoal sambava.

Quando parava, o *cabaretier* batia três palminhas e gritava, igual a todos os *cabaretiers*:

— Muito bem, maestro. Vamos ao bis.

O pessoal ia ao bis.

E assim por diante, até quatro horas da madrugada.'"

O *dancing* era o estabelecimento em que o consumidor pagava por contradança em que tomava parte; precisamente o que depois veio a chamar-se *taxi-girl*. E não existia na Lapa.

Na Lapa, o que havia eram cabarés. Cabarezinhos humildes, pobres, bastante fuleiros (como se dizia, no tempo) — alguns com *show*, outros sem. E não se pense que o *show* tinha uma grande influência na clientela, como atração: o Brasil, por exemplo, não tinha *show* e era talvez a mais freqüentada dessas casas de diversão barata.

Ficava num sobrado da rua da Lapa, logo no início, junto ao largo. O seu proprietário era uma figura muito conhecida nos círculos boêmios da cidade, onde tivera um momento de celebridade. Aí por volta de mil novecentos e vinte e tantos, fora o primeiro dançarino profissional a bater o recorde de dança-hora no Brasil, fato cercado, na época, de grande publicidade. Parece que dançou 24 horas sem parar, se não me engano no palco do antigo Teatro São Pedro (ou foi no Lírico). Depois, a coisa tornou-se praga — e apareceram heróis que chegaram a atingir cem horas de bailado ininterrupto, como se fossem possessos da doença de São Guido.

Chamava-se Bueno Machado esse precursor. Era um português baixo, moreno, com cara de *gangster* de cinema, sempre corretamente trajado, com a barba cerrada sempre muito bem escanhoada. No tempo do Brasil, já não seria capaz da proeza que o tornara famoso, uns quinze anos antes; devia andar pelos quarenta. Recebia os clientes, providenciava mesas para os de maior consideração, conduzia-os à porta, quando saíam. Procurava aparentar um ar distinto de *gentleman*, de homem bem-educado e conhecedor dos hábitos da sociedade. Era, porém, de natural taciturno e pouco comunicativo; falava pouco e ria menos ainda.

No resto, observava o movimento, dava ordens, fiscalizava o ambiente, com um ar atento de comerciante que sabe cuidar dos seus negócios. Raramente dançava, e quando o fazia era sempre um tango argentino, num estilo complicado e cheio de floreios.

Não sei se era devido ao prestígio de Bueno Machado, ou à qualidade da sua orquestra — que era, de fato, excelente —, verdade é que o Brasil andava sempre cheio. Mais até do que o Novo México, que era o seu grande rival da zona e ficava também num sobrado, por cima do Danúbio Azul, na avenida Mem de Sá. Este tinha *show*, em que se exibiam "celebridades internacionais", segundo asseguravam os cartazes afixados à porta do cabaré; celebridades internacionais que só eram conhecidas na Lapa...

OS CABARÉS

Foi nesse cabaré que em 1932 ou 33, algum tempo depois da Revolução Constitucionalista de São Paulo, eu tive ocasião de ver uma extraordinária declaração de amor, escrita na parede de um corredor próximo aos lavatórios. Era dirigida a uma das dançarinas da casa e começava assim: "Minha querida, tu és paulista..." E um gaiato qualquer acrescentara a lápis: "e civil". A mulher em questão ficou uma fúria, porque achava que o seu apaixonado estava querendo achincalhá-la, chamando-a de guarda-civil...

Na avenida Mem de Sá também — e igualmente num sobrado — ficava o Tabaris, que depois passou a se chamar Primor, menor, e em geral menos movimentado. Por esse tempo, o proprietário do Túnel da Lapa, que ficava na rua Visconde de Maranguape, resolveu ampliar o negócio, instalando um cabaré no sobrado, sobre o bar. Durante algum tempo fez furor, tornando-se um dos mais sérios concorrentes do Brasil e do Novo México.

No tempo da guerra (eu já vivia em São Paulo), o restaurante Viena-Budapest, como todos os estabelecimentos de nomes germânicos ou de qualquer forma lembrando ligação com o Eixo — coisa julgada comprometedora —, passou a chamar-se Casanova. Logo mudou também de gênero, transformando-se em cabaré, com *show* de "artistas internacionais"... Não é do meu tempo.

O cabaré do Teatro-Cassino Beira-Mar, no Passeio Público, pertinho da Lapa, era de mais elevada categoria: ficava no subsolo do edifício, que mais tarde foi demolido a dinamite, com explosões que mataram todos os peixes do belo aquário que existia no jardim.

E havia ainda o Escondidinho, no início da rua do Riachuelo. Estive neste sórdido cabaré, que tinha uma terrível fama, uma única vez, sozinho, por curiosidade. Foi só o tempo de tomar uma cerveja. Era sinistro.

De todos esses cabarés, parece que ainda existem apenas o Casanova e o Novo México.

* * *

Excetuando-se o Teatro-Cassino, que era o melhor, e o Escondidinho, bastante inferior, de um modo geral todos esses estabelecimentos se pareciam. A clientela era a mesma e o ambiente pouco variava.

Quem os freqüentava? Comerciários, funcionários públicos, estudantes, jornalistas que deixavam tarde as redações, boêmios e malandros. Aos sábados, naturalmente, o movimento era maior.

As dançarinas, de um modo geral, não eram beldades extraordinárias, nem modelos de desfile de modas. Eram pobres moças que se defendiam como podiam, ganhando

OS CABARÉS

duramente a vida num trabalho extenuante que começava às dez da noite e ia até três ou quatro da madrugada. Muitas moravam longe e a esta hora tardia ainda tinham de esperar o bonde, chegando em casa quase dia claro.

Ribeiro Couto, numa noite de peregrinação solitária e saudosista pelas ruas da Lapa, anotou a impressão que lhe ficou da hora em que os cabarés se fechavam:

"Às três da manhã, recolhidas as clarinetas e os saxofones, descem as escadas, aos grupos de duas e três, as funcionárias do samba; na calçada, espera-as, ambiciosamente, um círculo de rapazes ruidosos, que estiveram lá em cima 'pagando cerveja'. Mas não adianta: as funcionárias timbram em partir sozinhas, ciosas de manter a sua respeitabilidade nas imediações do estabelecimento."

Durante o "expediente", essas "funcionárias" não só dançavam, como procuravam fazer-se convidadas para as mesas de clientes mais endinheirados e generosos. Se obtinham autorização para beber o que quisessem, era infalível: chamavam o garçom com um ar de displicente superioridade e pediam uma garrafa de Grand-jó, um vinho português, branco e doce, que era servido pomposamente num balde cheio de gelo, como champanhe. Ainda recentemente, em conversa comigo, Henrique Pongetti comentou essa estranha e invariável preferência das dançarinas da Lapa, dizendo que nunca pôde entendê-la. De fato, elas não sabiam pedir outra coisa.

O *cabaretier* era sempre uma figura bastante pitoresca. Envergando um surrado *smoking*, mesmo nas noites de calor mais forte, sua função era animar o ambiente, o que fazia quase sempre com o mais desolador desânimo. Quando a orquestra acabava de tocar um número de dança, punha-se no meio do salão com o ar entediado de quem cumpre uma obrigação aborrecida, batia três palminhas chochas, cumprimentava o maestro ("muito bem, maestro") e pedia bis. Dava a impressão de ser um burocrata que só estava ali contando tempo de serviço, de olho na aposentadoria.

* * *

Ao contrário do que muita gente talvez possa supor, nós não éramos grandes freqüentadores de cabarés. É este mesmo, creio eu, o aspecto da Lapa que menos conhecemos e que menos em nós deixou saudades.

De minha parte, sempre dancei muito mal e acho que os meus companheiros — com exceção talvez de Henrique Carstens — não dançavam melhor do que eu. A dança, positivamente, não era a nossa especialidade.

Uma ou outra vez — mas era raro —, ao deixarmos o Túnel ou o Danúbio Azul, alguém sugeria: "Vamos dar um pulo até lá em cima para ver como está aquilo?" Subíamos, instalávamo-nos e ficávamos observando o movimento, até que outro companheiro, ou o mesmo que tivera a idéia de nos levar até lá, achasse que aquilo estava muito chato... Ou então — principalmente se Lúcio Rangel se achava em nossa companhia — subíamos a escadinha do Brasil exclusivamente para ouvirmos durante uma ou duas horas a orquestra do estabelecimento tocar sambas, o que ela fazia muito bem, na opinião dos entendidos.

Depois, voltávamos para o bar, ou dissolvíamos a roda, tomando cada qual o caminho de sua casa, para recomeçarmos tudo no dia seguinte — ou uma semana depois.

A PAREDE DE VIDRO

"Uma nota característica dessa poesia boêmia de Luís Martins é a nostalgia de outros momentos e de outros lugares que se lhe afiguram mais amáveis, mais acolhedores, menos duros do que aqueles da hora presente. O passado é mais belo, a vida foi boa, gloriosa, humana."

SÉRGIO MILLIET

EM 1937, eu estava muito bem de vida. Tudo que ganhava, entretanto, gastava. Em que gastava? Pergunta um pouco indiscreta e ociosa, de resto: em que costuma gastar o seu dinheiro um rapaz de trinta anos?

Em farras, noitadas, ceias, jantares, reuniões com amigos... Em jogo, inclusive. Num capítulo anterior, eu disse que nunca tive grande atração pelo jogo. E é verdade. Mas naquele tempo era muito difícil a um rapaz solteiro, com dinheiro no bolso, eximir-se inteiramente à sedução das fichas e do pano verde, visto que as casas de tavolagem espalhavam-se um pouco por toda a cidade. O jogo campeava triunfalmente, às escâncaras, e era talvez a maior diversão do carioca. Os grandes cassinos das praias — o Urca, o Atlântico, o Copacabana — resplandeciam todas as noites, fervilhantes de gente, de movimento e de agitação, com seus *shows* feéricos e suas animadíssimas pistas de dança. Outros havia, entretanto, em que a única atração era o jogo: no Automóvel Clube, na rua do Passeio, quase na Lapa, jogava-se publicamente roleta, campista, bacará; o conhecidíssimo High Life, passada a época do Carnaval, quando dava os seus famosos bailes — uma das tradições boêmias da cidade —, transformava-se, durante todo o resto do ano, em casa de tavolagem.

Ora, o High Life ficava na rua Santo Amaro, quase defronte ao edifício em que eu morava; era só descer, atravessar a rua, andar alguns passos — e eis-me numa grande sala iluminada, diante de uma mesa, a ouvir o barulho surdo das fichas, o rolar fatídico da roleta, a voz do *croupier* animando as apostas... Uma tentação, à qual nem sempre sabia resistir: uma noite, cheguei a perder no High Life mais da metade dos meus vencimentos...

Na Lapa, o jogo apresentava-se sob outras formas, mais populares. Num grande ringue, cercado por uma multidão ululante e apaixonada, seis moças de patins batiam com um bastão numa bola, que caía em vários alçapões, fazendo acender-se um número. Era uma espécie de víspora; o jogador comprava um ou mais cartões e, quando os completava, gritava: "Feito!" Às vezes, gritavam simultaneamente dois ou três — e o prêmio tinha de ser repartido. Esse cassino de pobre, que ficava no largo da Lapa, vivia sempre cheio — e uma noite nele deixei quase um conto de réis, comprando cada cartão a dois mil-réis, vejam só!

Ocasiões de desperdiçar dinheiro é que não faltavam. Lembro-me, por exemplo, de uma noite...

* * *

Em 1937, o jornalista francês Pierre Scize visitou o Brasil. Pierre Scize, falecido em 1956, fizera a guerra de 1914 e nela perdera um braço; era grande, corpulento, sangüíneo, tinha cabelos ruivos que já começavam a rarear. Nesse tempo, creio eu, ainda não ingressara no *Fígaro*, mudando radicalmente de posição política, ao bandear-se para a ala conservadora; colaborava no *Canard* e no *Merle Blanc*, ostentando opiniões revolucionárias de extrema esquerda.

Apareceu no Rio acompanhado da esposa (ou, pelo menos, se dizia), uma bonita francesinha ruiva, muito mais moça do que ele. Não me lembro quem foi que me aproximou do casal — creio que foi Henrique Pongetti —, o que sei é que, tendo Scize manifestado o desejo de conhecer a Lapa, formou-se um grande grupo, do qual faziam parte

Aída e Henrique Pongetti, a pintora Tarsila do Amaral, Henri Kauffmann e Brício de Abreu; com os Scize e comigo, éramos oito, ao todo; e todos nos tocamos para a Lapa, com o propósito de mostrar aos nossos hóspedes os seus aspectos mais pitorescos.

Ora, eu não me sentia muito à vontade durante essa excursão turística, porque sempre desaprovei misturas de locais e de pessoas; achava que lugar de farra não é próprio para família, e constrangia-me conduzir senhoras a bares em que preferia estar sozinho, ou com companheiros do meu sexo. Assim, quando a ruiva francezinha me perguntou se por ali havia uma *boîte de nuit* interessante, eu me apressei a sugerir uma rápida mudança de cenário, lembrando que ali mesmo no Passeio Público (que, de certa forma, é ainda a Lapa) existia o Teatro-Cassino Beira-Mar e, nele, uma boatezinha. Era melhor a gente ir até lá, quem sabe dançar um pouco?

Ouvindo falar em dança, madame Scize aprovou a idéia com entusiasmo; e os outros toparam, talvez, no fundo, sem muita vontade. Chegamos ao Beira-Mar, ocupamos uma grande mesa, conversamos, bebemos, dançamos e, lá pelas duas da madrugada, o jornalista começou a mostrar desejo de se retirar, achando que estava na hora.

Pedimos a conta. Eu estava sentado a uma das extremidades da mesa, tendo Scize exatamente à minha frente; como conversava com sua senhora, que se achava à minha direita,

A PAREDE DE VIDRO

não vi chegar o garçom com a nota; de repente, ouço um berro, partido lá da outra extremidade, e vejo Brício de Abreu, de pé, muito excitado:

— Luís Martins, não deixe! Não deixe!

— Não deixe o quê? — perguntei, espantado.

— Não deixe que ele pague a conta!

Só então vi que o francês examinava a nota, dispondo-se a pagá-la. E Brício, cada vez mais nervoso, agitava os braços e dizia, com um ar enérgico e autoritário:

— Tire, tire da mão dele! Pague tudo! Depois nós acertamos! (E como Pongetti e Kauffmann puxassem a carteira:) Não se mexam! Não se mexam! Deixem, que eu e o Luís resolvemos tudo.

Delicadamente, arranquei a nota das mãos de Pierre Scize e liquidei-a (é fácil imaginar o tamanho de uma conta de boate com oito pessoas bebendo), enquanto Brício de Abreu deixava-se cair na cadeira, aliviado, como se acabasse de livrar o mundo de uma catástrofe.

— Lá fora nós acertamos — tranquilizou-me, mais uma vez.

É claro que lá fora não tocou mais no assunto, embora eu, com uma vaga esperança de que ele entendesse a insinuação, ainda fizesse amargas observações sobre a exploração de que se era vítima naqueles lugares, porque, afinal, não tínhamos bebido tanto assim...

Brício achava que, de fato, não se bebera muito, mas em todo o caso a noite fora agradabilíssima, os Scize eram extremamente simpáticos, uns amores; aliás, já os conhecia de Paris, porque em Paris — "você sabe, não é?" — ele, Brício, conhecia todo o mundo, e porque isto e porque aquilo... Despediu-se e me deixou falando sozinho.

* * *

Agora vamos retroceder no tempo, voltando a 1934 ou 35.

É possível que eu esteja fazendo uma certa confusão: no Teatro-Cassino Beira-Mar existia — e estou certo disto — um cabaré no subsolo; e este outro que eu chamo de boate, no qual estivemos com Pierre Scize, onde ficava? De que era no mesmo edifício, tenho a certeza: parece-me, contudo, que ficava em cima. Ou não? Tratar-se-ia do mesmo cabaré? Seriam dois? Ou teriam existido em épocas diferentes? Permaneço na dúvida.

Do que me recordo com grande nitidez é do cabaré do subsolo: descia-se uma escadinha, deixava-se o chapéu no vestíbulo, entrava-se, à direita, no salão de danças. Foi nesse cabaré que, numa passagem de ano, bem anterior ao episódio acima narrado, ocorreu um incidente que terminaria com uma das mais extraordinárias, das mais espetaculares proezas que já pratiquei na vida.

Engraçado como certos pormenores se gravam distintamente na memória da gente — e outros empalidecem ou se evaporam. Tenho a impressão de que foi ontem; éramos dois companheiros apenas — Márcio Reis e eu — e bebíamos champanhe. Lembro-me de que pretendia estar à meia-noite em casa de meus pais, para a ceia familiar, mas fora ficando, o tempo passara — e se fizera tarde. Agora não dava mais jeito. Eu me sentia meio chateado, arrependido, e o ambiente alegre e barulhento da festa em nada concorria para dissipar meu mau humor; pelo contrário, ainda mais me irritava. A fim de esquecer, bebia com alguma violência, esvaziando duas taças de champanhe enquanto Márcio tinha tempo de ingerir apenas uma.

E assim, taça vai, taça vem, fui bebendo umas e outras — lá para as tantas... Bem, não vou entrar em pormenores, que não interessam, embora me lembre de tudo bem direitinho. Contarei apenas que, por causa de um desses episódios banalíssimos de cabaré, eu acabei agredindo um sujeito que também bebia champanhe, três ou quatro mesas distante da nossa... Posso dizer, sem faltar à verdade, que esta foi, em toda a minha vida, a única vez que provoquei uma briga, embora, bem contra a vontade, me tenha envolvido em outras; e só posso atribuir o fato ao detestável humor que me flagelava nesse dia.

O tumulto que se estabeleceu é indescritível. Mesas viradas, garrafas entornadas, copos quebrados, gritos histéricos de mulheres, os garçons e vários outros sujeitos querendo me agarrar... Nunca soube brigar direito — e forte, positivamente, eu, magricela, não era. Mas naquele tempo eu tinha uma agilidade de gato e naquele dia parecia ter o fôlego de sete... pulei de uma para outra mesa, esmagando pratos e copos, pisei a mão de uma dançarina que deu um grito e tombou para trás, suponho que desmaiada... Tudo rodava em torno de mim, tudo fremia, zumbia, gania, num ritmo alucinante de vertigem, eu tinha a impressão de estar voando, fui pulando, planando, aterrissando, bracejando, espernenado, já alcançara o vestíbulo, era só mais um impulso, vislumbrei diante de mim a pequena escada aberta para o jardim, o ar fresco e a liberdade...

Súbito, senti-me cercado, agarrado, imobilizado. Ouvi uma voz:

— Calma, seu moço! Assim o senhor se machuca.

Quatro guardas enormes seguravam-me fortemente pelos braços; e diante de mim, muito sereno, com a fisionomia impassível, um senhor baixo, franzino, meio calvo, corretamente trajado, olhava-me com tranqüila curiosidade. Eu sabia quem era porque o conhecia de fotografia; era o delegado Frota Aguiar, que tinha fama de violento e atrabiliário e mais tarde iria notabilizar-se na política da Guanabara. Se era, de fato, o que dele se dizia, não sei; sei que comigo foi mais do que indulgente; foi quase magnânimo. Ordenou aos soldados que me soltassem. Quis saber quem eu era. Declinei a minha qualidade de jornalista, mostrando-lhe a carteira do jornal — e ele, sem elevar a voz, disse que estava bem, não tinha importância, mas que eu me achava um pouco "perturbado", precisava descansar e deveria ir para casa...

— O senhor me desculpe, mas eu daqui não saio. Vou beber o meu champanhe, que ainda não acabei — teimei eu.

Ele mostrou-se um pouco mais severo:

— Ah! Nisto é que o senhor se engana! O senhor vai é sair, já, já!...

Não tive conversa: passei-lhe uma rasteira. Ele se levantou, lívido, e estendeu um braço:

— Ponham-no lá fora!

Não sei como, voei, positivamente voei escada acima, nos braços dos policiais (eles simplesmente me agarraram, sem me machucar) e num átimo vi-me no jardim, em frente à porta do cabaré, como Adão, depois do pecado, diante do paraíso perdido. Eu estava irritadíssimo com Márcio Reis, porque não me auxiliara na briga e continuava lá dentro, como se nada tivesse acontecido. (Só dias depois vim a saber que ele se achava em tal estado que realmente não vira nada.) E, com essa intrepidez insistente e obstinada que dá o álcool, eu cismava que tinha de voltar de qualquer jeito, a fim de tomar satisfações... Duas ou três vezes forcei a entrada — e fui barrado pelos policiais, aliás sem nenhuma brutalidade.

— Moço, vá-se embora — diziam-me. — O senhor ainda acaba arranjando encrenca.

* * *

Nisto descobri, perto dali, um soldado da Polícia Municipal, que Pedro Ernesto, anos antes, havia criado. Dirigi-me a ele e comecei a contar-lhe uma história absurda, dizendo que sofrera uma inqualificável violência dos beleguins da Polícia Federal, coisa que nós, cariocas, não podíamos admitir; por essas e outras é que eu era a favor da autonomia do Distrito...

— Você não acha? — perguntei.

— É sim, senhor — respondeu o pobre guarda, atônito e atrapalhado.

— Pois então!... O que acontece é o seguinte: eu sou um cidadão carioca, você é um polícia carioca, portanto temos que ser solidários. Temos que lutar pela autonomia do Distrito Federal, custe o que custar. E você vai me ajudar a invadir aquela joça!

Por incrível que pareça, o guarda hesitava, pesava os meus argumentos, deixava-se convencer, achava que eu tinha razão... Levantava o quepe, coçava a gaforinha:

— O diabo, o senhor compreende, é que eu sou um só... Se encontrasse por aí uns dois ou três companheiros...

— Pois então vá procurar. Eu espero aqui.

E estávamos nessa conversa maluca quando pára um carro de praça e dele salta... imaginem quem? O repórter David Nasser. David Nasser, nesse tempo, é desnecessário que se diga, não era ainda o jornalista famoso e prestigioso que depois se tornou. Era um jovem "foca", cujo talento logo despertou a atenção e o interesse de Vítor do Espírito Santo, o secretário de *O Jornal*.

Quando o vi, saltei de entusiasmo.

— Temos mais um companheiro — gritei ao guarda.

— Agora somos três.

Mas David Nasser tinha outros propósitos.

— Luís — disse-me, com diplomacia —, o Vítor mandou-me aqui para lhe pedir que vá imediatamente ao jornal. Há um trabalho urgente a fazer e ele precisa de você.

O que se passara é fácil de imaginar: o delegado Frota Aguiar, vendo a minha carteira de jornalista, telefonara à redação de *O Jornal* contando o que estava acontecendo. Era com essa consideração e esse respeito (isto foi muito antes do golpe de 1937) que a polícia daquele tempo tratava a imprensa!

— Agora não posso — respondi ao David. — Eu e o meu amigo aqui (apontei o guarda) estamos tramando uma invasão daquele cabaré...

Com infinito tato, o futuro famoso repórter contornou a situação:

— Pois é! Nós vamos ao jornal e lá arranjamos reforço... Trazemos o pessoal da oficina e num instante reduzimos aquilo a cacos.

A idéia entusiasmou-me. E, recomendando ao guarda municipal que não saísse dali, aguardando a nossa volta, entrei no táxi.

Nesse tempo, a redação de *O Jornal* era na rua Rodrigo Silva. Assim que o carro parou, eu saltei e subi a escada como um furacão. O gabinete do secretário ficava à esquerda de quem entrava, dando para a rua — e era separado da redação por um imenso vidro. De longe, através dessa parede transparente, eu vi que o Vítor estava lá, sentado à sua mesa, e impetuosamente dirigi-me para ele.

De repente, ouço às minhas costas um fragor formidável de vidro estilhaçado e vejo o Vitor levantar-se, muito pálido, e correr em direção a mim. Mal podia falar.

— Você... Você está ferido? — balbuciou.

A pergunta surpreendeu-me.

— Eu? Não. Por quê? — respondi muito calmo.

— Não é possível!

E o Vítor pôs-se a examinar-me, apalpando-me todo, ao mesmo tempo em que outros redatores também corriam para junto de mim. O secretário estava perplexo.

— É espantoso! — disse aos colegas.

A PAREDE DE VIDRO

Só então tomei consciência do que fizera: eu simplesmente atravessara a parede de vidro, despedaçando-a; e escapara absolutamente incólume, sem o mínimo arranhão! Ah! Ia-me esquecendo de um detalhe engraçado: passado algum tempo, voltei àquele cabaré. Assim que me viram, três ou quatro dançarinas correram para mim, muito amáveis e sorridentes, com um brilho de admiração nos olhos, comentando o caso, falando da minha valentia, da minha coragem, da minha agilidade... O próprio garçom que me atendeu mostrou uma consideração especial, fora do comum. Eu me tornara um personagem famoso, quase um herói...

E foi um custo para explicar a toda aquela gente que eu não era de briga, como de fato nunca fui e espero em Deus jamais serei...

* * *

Sim, eu sei que esta não é uma história muito edificante. Poderia omiti-la, se o quisesse. Mas, afinal, não pretendo escrever um livro educativo para a juventude de hoje, senão apenas o relato fiel da minha própria juventude de ontem. Seria uma desonestidade e uma hipocrisia se eu me fizesse passar por melhor do que fui realmente, escamoteando certos episódios que contribuem para fixar o ambiente, o clima, a vivência humana de um período da história da minha geração, em que tomei parte, sob certos aspectos, bastante atuante.

    Se se tratasse de outro, não de mim, eu certamente omitiria o caso; não tenho o direito de comprometer ninguém, mesmo retrospectivamente. Mas, como se trata de mim próprio, posso assumir tranqüilamente a responsabilidade de ser inteiramente franco. Aliás, a rigor, nada tenho a ocultar. Não me envergonho do meu passado. Quando isto aconteceu, eu tinha vinte e poucos anos; como todos os rapazes do meu tempo, pratiquei excessos; mas aquela era mesmo a idade de praticá-los...

    Anjo, não fui; mas demônio tenho a certeza de jamais ter sido. O que fui, então? Um pouco *enfant terrible*, talvez. O que tem o seu tanto de anjo — e de demônio...

A ESTRANHA AVENTURA

"Conto as coisas como foram
Não como deviam ser."

GONÇALVES DIAS
Sextilhas de Frei Antão

MUITA GENTE me pergunta por que eu não faço teatro. O primeiro que sugeriu essa idéia foi, creio eu, Carlos Lacerda, há muitos anos (em 1940, para ser preciso), logo depois da publicação do meu romance *Fazenda*, em carta que me escreveu sobre o mesmo. Referindo-se aos diálogos existentes no livro, dizia achá-los muito bons e, a propósito, opinava: "Você devia fazer teatro."

Ultimamente, Guilherme de Almeida fez a mesma observação, e até insistiu comigo, mais de uma vez, animando-me a tentar ao menos uma experiência.

Vontade nunca me faltou, mas o fato é que eu não possuo mesmo a bossa teatral, embora possivelmente possa ser dotado (já que os outros o dizem) de alguma facilidade em construir diálogos.

Dizer, entretanto, que nunca experimentei o gênero seria mentira, pois a verdade é que sou co-autor de uma peça teatral, que foi levada à cena, se me permitem a imodéstia — aliás menos censurável do que se poderia supor, dado o valor do meu parceiro —, com um êxito, a julgar pelas reações da crítica, se não retumbante, pelo menos bastante razoável e animador.

Foi assim: no começo de 1938 — em fevereiro, se não me engano —, depois da apreensão do *Lapa*, perda de emprego e todas as demais calamidades já relatadas, passei um mês em companhia de Henrique Pongetti, numa fazenda. Foi então que ele me convidou a colaborar em uma peça de teatro, a qual foi idealizada, arquitetada, escrita e acabada em menos de vinte dias. Era uma comédia em três atos e chamava-se *Baile de máscaras*.

Jaime Costa, que montara companhia própria e fazia uma temporada no Teatro Glória, acolheu a peça e encenou-a, estreando-a precisamente na noite de 10 de maio de 1938. (Guardem esta data.)

O elenco era, para a época, um dos melhores do teatro ligeiro, reunindo, além de Jaime Costa, Lígia Sarmento, Ítala Ferreira, Delorges Caminha, Ferreira Maia, Aristóteles Pena, Lúcia Delor, Cora Costa, duas estreantes — Nelma Costa e Fúlvia Saint-Clair — e o saudoso compositor Custódio Mesquita, nesse tempo também ator.

Baile de máscaras, para dizer a verdade, era muito mais — digamos, numa proporção de dois terços para um — de Pongetti do que minha. Teatrólogo experimentado e consagrado, autor de várias peças de sucesso, ele era, além de escritor brilhante, perfeito conhecedor da chamada "carpintaria" teatral, ao passo que eu, embora tivesse feito crítica de teatro durante vários anos, estreava no gênero como autor.

A reação do público foi entusiástica, e a da crítica, de um modo geral, muito boa. Alguns críticos fizeram tímidos reparos à ingenuidade do enredo, outros referiram-se à "perversidade" dos caracteres dos personagens, mas num ponto houve absoluta unanimidade: no louvor à qualidade literária do diálogo.

Assim é, por exemplo, que no velho *Jornal do Commercio* o respeitável João Luso dizia: "*Baile de máscaras* vive sobretudo da qualidade dos diálogos, onde as frases de espírito se sucedem, nem sempre acessíveis a todo o público, mas em geral de regozijar os oficiais do ofício e de deliciar todos os temperamentos de artistas." No *Jornal do Brasil*, o circunspecto Mário Nunes secundava-o: "Ressente-se o diálogo, por vezes brilhante de verbalismo, da preocupação das frases intencionais, nem sempre bastante claras para a percepção imediata do público."

Em *O Globo*, Edmundo Lys opinava: "*Baile de máscaras* traz aquelas frases exímias de Henrique Pongetti e Luís Martins, aquelas frases cintilantes — talvez com cintilação demais... Não se trata, porém, de *recherche* cênico. Não, aqui trata-se também de um estilo, da arte literária tão pouco do nosso teatro, que se desabituou dela, e particularmente do estilo de Pongetti e de Martins, donos de algumas das frases mais bem escritas do Brasil." Ao passo que, no *Diário de Notícias*, Abadie Faria Rosa afirmava: "O que caracteriza a comédia de Henrique Pongetti e Luís Martins, como primeira qualidade marcante desse original brasileiro, é ser essa peça devida à pena de autores que são também verdadeiros escritores. O diálogo tem vida, tem movimento, é leve, espiritual e encerra grande atração literária." E assim por diante...

Uma coisa parece certa: havia na peça uma acentuada unidade de estilo, apesar de se tratar de dois escritores diferentes; e tanto havia, que na noite de estréia ocorreram alguns episódios engraçados. Por exemplo: a escritora X, com aquela volubilidade trepidante, no fundo tão simpática, que caracterizava o seu temperamento e as suas maneiras, ao acabar o primeiro ato, dirigiu-se a Pongetti, na minha presença, toda eufórica e irradiante:

— Ah! Que delícia! Que delicia! E como é pongettiana, nitidamente pongettiana, aquela tirada assim, assim...

Nós nos entreolhamos sorrindo: acontece que a tirada em questão, tão nitidamente pongettiana, fora escrita por mim...

A ESTRANHA AVENTURA

Em compensação, no final do segundo ato, Odylo Costa, filho, pôs-se a comentar o espetáculo comigo:

— A gente distingue perfeitamente a sua maneira do estilo do Pongetti: por exemplo, quando a moça diz tal coisa e o fulano responde tal frase, isto evidentemente é seu, está-se vendo...

E não era: era de Pongetti.

O Teatro Glória fazia espetáculo por sessões — às 20 e às 22 horas — de forma que a primeira é que era, verdadeiramente, a representação de estréia; a ela assistiam os críticos.

O público aplaudiu demoradamente no final dos três atos, nós fomos chamados à cena com insistência pelos amigos, mas não aparecemos. Como os atores não estavam ainda muito seguros de seus papéis, resolvemos esperar a segunda sessão, para vermos se a coisa melhoraria.

O espetáculo acabou e nós íamos deixando o teatro quando ouvimos tiros. Pessoas corriam em plena avenida, e o público que ia saindo ficou aturdido e desorientado diante daquele espetáculo extra e imprevisto. De repente, foi o tumulto. Magalhães Júnior e Lúcia Benedetti que nesse tempo moravam perto, na Esplanada do Castelo, e que gentilmente tinham preparado uma ceia festiva e comemorativa para nós, arrastaram-nos correndo para o seu apartamento. E aí, diante das iguarias e das bebidas inúteis, ficamos toda a noite acordados, ouvindo de vez em quando o sinistro matraquear das metralhadoras — e completamente isolados do mundo, pois o telefone deixou de funcionar.

Os integralistas tinham resolvido fazer a sua grande noite de São Bartolomeu, cercando o Palácio Guanabara, lançando o pânico sobre a cidade, estragando a nossa festa e, naturalmente, comprometendo a carreira da nossa comédia, que parecia iniciar-se de forma tão auspiciosa... Também, o integralismo morreu aí.

Guardem esta data: 10 de maio de 1938 — estréia de *Baile de máscaras* e epílogo de uma aventura de mascarados...

* * *

Indo ao Rio para a estréia da peça, eu resolvi uma noite, sozinho, dar um giro pela Lapa. Em tão pouco tempo, como mudara! A ditadura parecia querer transformar a fisionomia de todas as coisas, inclusive a do nosso querido e inesquecível bairro... Uma impressão de tristeza, de abandono, de resignada ruína... Os bares vazios. Os cabarés solitários. E nenhum conhecido...

A polícia começara a fechar os prostíbulos da rua Conde de Lage; alguns ainda funcionavam, com prazo marcado para o encerramento de suas atividades, mas como que a medo, recolhidos e embuçados, com as portas fechadas; na rua, uma soldadesca brutal interpelava grosseiramente os raros transeuntes que, esquivos e apressados, ainda se aventuravam por aquelas paragens...

Andei um pouco a esmo por aquelas ruas noturnas, onde cada pedra do calçamento parecia evocar uma aventura de outrora — e com uma nitidez e uma exaltação dolorida que nunca sentira, eu, lúcido e triste como o marinheiro bêbado do poeta, compreendi que um período, uma era, um ciclo de tempo estavam acabando, e que eu pisava os escombros de um mundo morto.

Voltei ao largo da Lapa, enveredei pela rua Visconde de Maranguape; resolvi tomar um chope no Túnel. A clientela era-me completamente desconhecida; das garçonetes, muitas do nosso tempo não estavam mais lá; havia caras novas, que nada me diziam. O gerente não me cumprimentou. Senti-me estranho, deslocado, ignorado naquele meio que parecia repelir-me, como a um intruso. Entretanto, alguns meses apenas tinham passado, desde a última vez em que, como *habitué* da casa, eu tomara o meu último chope no Túnel... Positivamente, a Lapa morria... Tudo tão diferente, tão estranho, tão mudado...

Nessa mesma Lapa, nesse mesmo Túnel, alguns anos depois, eu iria representar, ao vivo, uma extraordinária tragicomédia, um fabuloso *show*, com um início movimentadíssimo e dramático — e um epílogo absolutamente imprevisto e desconcertante.

* * *

Muitos anos se passaram; e até hoje eu me preocupo com o curioso problema psicológico que foi o comportamento, nesse dia, de um certo indivíduo; comportamento que nunca cheguei a entender. E o pior é que esse indivíduo sou eu mesmo.

A história começou às seis horas da tarde. Eu tinha chegado nesse mesmo dia de São Paulo e encontrara-me com Odylo Costa, filho. Passeávamos os dois muito tranqüilamente pela cidade, enlevados com a beleza da tarde carioca, quando, na esquina da Brasileira — grande confeitaria que existia nesse tempo na Cinelândia —, esbarramos com Henrique Pongetti. Paramos para conversar e nisso passa Lúcio Rangel, o qual, ao nos ver, incorpora-se ao nosso grupo. Muito satisfeito com o feliz acaso, sugeri então uma rodada de chope no Túnel da Lapa, a fim de rememorarmos os velhos tempos; a sugestão foi aceita com entusiasmo e para lá nos dirigimos os quatro.

Chope vai, chope vem, esquecemos que tínhamos de jantar e quando a fome bateu e olhamos o relógio, era mais de nove horas e sobre a mesa elevava-se, impressionante, um monumental arranha-céu de pratos de chope.

— Como é? Vamos pagar? — sugeriu Pongetti.

Chamamos o garçom (já se fora o tempo das garçonetes); a conta elevava-se a cerca de noventa mil-réis. Bem, noventa mil-réis, naquele tempo, não eram a mesma coisa que noventa cruzeiros hoje; em todo o caso, não se tratava de uma fortuna. Aconteceu, porém, o imprevisto; é que nenhum de nós tinha dinheiro, cada qual contando que os outros tivessem. Henrique Pongetti contribuiu com uns vinte e cinco mil-réis, Odylo com quinze, Lúcio Rangel deu cinco e eu pus sobre a mesa uma nota de dez, declarando ser tudo quanto possuía. Estava curto.

Depois de uma confabulação aflitiva entre os quatro, resolvemos falar com o dono do bar, explicando-lhe a situação e comprometendo-nos a dar aquilo por conta e o resto no dia seguinte. Agora, vejam: Henrique Pongetti não tanto, mas eu, Odylo e Lúcio Rangel, durante anos, tínhamos gasto naquele bar somas consideráveis; o dono nos conhecia, pois éramos fregueses de quase todas as noites; nunca tínhamos pendurado uma conta, aquela era a primeira vez — e por motivos ocasionais, fortuitos e imprevistos. Pois bem. O bandido, brutalmente, declarou que não fiava nada e que nós tínhamos que pagar de qualquer jeito, se não chamava a polícia!

Houve uma discussão azeda e as coisas tomaram um aspecto verdadeiramente desagradável quando surgiu lá de dentro um monstruoso leão-de-chácara, que se dirigiu a Henrique Pongetti com insolência, provocando o pronto e altivo revide do nosso companheiro. E num abrir e fechar de olhos os dois estavam aos safanões, Pongetti reagindo com bravura à agressão do brutamontes. Isto já na calçada.

Odylo, quando conta esta história, costuma intercalar aqui uma cena que ele jura que é verdade, mas de que, sinceramente, não guardo a menor recordação: diz ele que eu, na hora da briga, fingi que não tinha nada com aquilo e me pus do outro lado da rua, a comentar tranqüilamente o caso com os transeuntes... Fiz coisas tão estranhas nesse dia que bem pode ser. Mas — repito —, honestamente, não me lembro.

O dono do bar e o leão-de-chácara eram estabelecidos na zona, ao passo que nós não passávamos de fregueses; o fato é que apareceram dois soldados de polícia, que nos intimaram a acompanhá-los à delegacia mais próxima (na rua das Marrecas) sem querer ouvir as nossas explicações, deixando em paz os agressores.

É ridículo, mas nessas ocasiões a gente sente logo a necessidade de perguntar se "sabe com quem está falando", atitude de arrogância, importância e autoridade tão típica da petulância brasileira. E, danados da vida, revoltados com a ostensiva parcialidade dos policiais, entramos na delegacia dispostos a perguntar ao comissário se sabia com quem estava falando; entretanto, sua polidez nos desarmou. Era

A ESTRANHA AVENTURA

um rapaz simpático e bem moço ainda. Começou por perguntar delicadamente os nossos nomes, e quando Pongetti, o primeiro, declinou o seu, ele deu um pulo da cadeira, pôs-se de pé e perguntou:

— O senhor é Henrique Pongetti? — E logo, mudando de tom, a sorrir: — Mas, doutor Pongetti, é um prazer! E os seus companheiros são...

Oh! Deuses amáveis e providenciais! O homem admirava Odylo e lera o meu *Lapa*! Acho mesmo que chegou a dizer que era o seu livro de cabeceira... Positivamente encantado, parecia fora de si; de modo que Lúcio Rangel, que nesse tempo ainda não era o conceituado crítico de música popular que é hoje, para não estragar a sua felicidade, declarou friamente que se chamava Lúcio Cardoso e era o famoso romancista em carne e osso...

A conversa tomou então um tom cordial, amável, de salão, entre pessoas bem-educadas; o comissário mandou servir um cafezinho; depois, para nos dar prazer e compensar-nos dos ultrajes sofridos, dirigiu-se energicamente aos soldados — os mesmos que nos tinham detido — e ordenou-lhes que fossem sem demora ao Túnel e trouxessem preso o violento leão-de-chácara, que chegou depois escoltado e com um insolente sorriso de pouco caso nos lábios, o que irritou profundamente o jovem homem da lei.

— Metam esse cachorro nas grades! — berrou. — Ele hoje dorme lá, para aprender a tratar com consideração pessoas que não são da sua laia!

E, voltando-se para nós, disse lamentar muito todo o incidente, sem deixar de acrescentar, contudo:

— Os senhores, cavalheiros tão distintos, não deviam se meter naquele antro... Aquilo não é lugar para os senhores... Sim, sim, eu compreendo: rapaziadas, rapaziadas...

E, solícito, como um correto anfitrião conhecedor dos seus deveres, fez questão de nos acompanhar até a porta, repetindo que tivera imenso prazer em nos conhecer e sentira-se muito honrado com a nossa visita. Eu só estava vendo a hora em que nos ia pedir autógrafos...

* * *

Despedimo-nos do amável comissário e deixamos a delegacia. Então, uma onda gelada de constrangimento e depressão desceu sobre nós; chegamos à rua do Passeio e começamos a andar para o lado da Lapa, como um grupo de condenados. Ninguém falava. Ninguém tinha coragem de encarar os outros.

— Bem, agora... — murmurou alguém, tristemente.

Então eu parei, comecei a rir e, com um ar jovial e despreocupado, dirigi-me aos três:

— Foi gozado, não? Bem, agora que tudo acabou, o que devemos fazer é tomarmos um uisquezinho para reanimar...

Os companheiros encararam-me surpresos, como se eu tivesse subitamente perdido a razão; e Odylo, alçando os ombros, respondeu com um ar de profundo desânimo:

— Você está doido, Luís! Tomar uísque como, se não temos dinheiro?

Então, com a maior naturalidade do mundo, eu meti a mão no bolso interno do paletó, tirei a carteira e esclareci a situação:

— Por isto, não... Eu tenho aqui dois contos de réis...

Se eu me tivesse metamorfoseado em anjo e saísse voando sobre as árvores do Passeio Público, o espanto dos meus três companheiros não seria maior; por um momento, permaneceram atônitos, perplexos, siderados, diante do inacreditável. Odylo foi o primeiro a reagir; ele, a mansuetude em pessoa, parecia furioso:

— Mas então, Luís, você tinha dinheiro! Viu o Pongetti brigar, viu a nossa humilhação... Que foi que houve com você? Esqueceu que tinha dinheiro?

Honestamente, respondi que não. E a minha cara era tão inocente, eu parecia tão espantado com a sua zanga, que a raiva de Odylo não durou muito: pôs-se a rir, como diante da travessura de uma criança:

— Pois agora, por castigo, nós vamos mesmo beber uísque; e você vai gastar esses dois contos inteirinhos...

— É claro — declarei com dignidade. — Pois se eu estou convidando...

De repente, Pongetti e Lúcio Rangel começaram também a rir. A paz baixou outra vez sobre nós. E, felicíssimos, depois de uma rápida confabulação, dirigimo-nos ao 1900, o tal bar grã-fino inaugurado meses antes na rua da Lapa e já modorrando no crepúsculo prematuro de uma decadência galopante. Aí encontramos, lembro-me bem, Paulo Emílio Salles Gomes, que eu conhecia de São Paulo e apresentei aos meus companheiros; Paulo Emílio, muito alegre, divertiu-nos entoando uma porção de canções francesas. A noite acabou de forma agradabilíssima. Dos dois contos que tinha, fiquei apenas com o dinheiro do táxi, para voltar à casa de meus pais, onde estava hospedado.

* * *

Agora, digam-me: como explicar o meu estranho, absurdo comportamento dessa noite? Por que, tendo dinheiro — e sabendo que tinha, pois em nenhum instante eu me esqueci dos dois contos na carteira —, eu contribuí para o rateio da conta apenas com uma nota de dez, dizendo ser tudo quanto possuía? Por sovinice, avareza, pão-durismo? Absolutamente; em primeiro lugar, isto não era dos nossos hábitos; e depois, como explicar-se então que eu me negas-

A ESTRANHA AVENTURA

se a gastar noventa mil-réis, para logo depois, espontaneamente, mostrar que tinha dois contos — quantia considerável, para a época —, esbanjando-os todos em uísque? Não. O problema é outro — e bem diverso. Muita coisa, realmente, me escapa, na análise feita muito posteriormente ao desenrolar dos fatos, mas a verdade que vislumbro e que tentarei expor aos leitores, não me aflige como uma evidência de pão-durismo, mas de coisa talvez pior: uma certa exibição de perversidade, que nessa noite passou dos limites.

Em primeiro lugar — disto estou certo —, eu não pretendia esquivar-me ao pagamento da conta do bar, tanto mais que a iniciativa da reunião partira de mim. Quando eu percebi que ninguém tinha dinheiro, o meu primeiro impulso foi brincar, pregando um susto em meus companheiros. Mas a situação embaraçosa começou a divertir-me e, quando resolvemos falar ao proprietário, eu estava absolutamente certo de que ele ia dizer que não tinha importância, nós éramos rapazes direitos, etc. Então, eu lhe bateria no ombro cordialmente — o chope punha-me nas disposições mais eufóricas do mundo — e diria que ele era um camaradão, mas que eu estava cheio da gaita; pagava e pronto.

A sua atitude, entretanto, estragou tudo; e aqui é que entra o elemento estranho, misterioso e absurdo de toda a história: é que eu não acreditava no que via. Eu via que ele estava zangado, que se portava grosseiramente, que ameaçava chamar a polícia; via, mas não acreditava; tudo aquilo parecia-me uma fábula, um jogo, uma brincadeira, e eu tinha a certeza de que, de uma hora para outra, ele ia rir, dizer que estivera brincando, que não era nada daquilo, que podíamos sair sem pagar, no dia seguinte acertaríamos tudo...

Depois, quando entrou em cena o leão-de-chácara e as coisas se precipitaram, eu principiei achando que o jogo tomava um rumo imprevisto, novo e apaixonante; eu sabia que a solução de tudo estava em minhas mãos, ou antes em meu bolso, e bastava que eu dissesse: "Parem! Eu tenho dinheiro" — para que a brincadeira cessasse, a aventura explodisse; a qualquer momento eu poderia mudar o rumo dos acontecimentos... Mas a questão é que eu não queria! Já então, estava intensamente, morbidamente interessado no espetáculo, queria esticar o fio da história até o ponto de última tensão, e delirava de curiosidade para ver como tudo aquilo iria acabar... O estranho é que eu continuava a não levar a sério as coisas que se passavam diante de meus olhos; tudo me parecia uma espécie de espetáculo, um *show*, uma novela policial, cujo desfecho eu ardentemente desejava ver.

Tanto que depois foi com a maior naturalidade, perfeitamente tranqüilo, sem o menor sentimento de remorso ou culpa — como quem acaba de sair de um teatro onde assistiu a um espetáculo interessante — que eu julguei chegado

A ESTRANHA AVENTURA

o momento de declarar que tinha dinheiro, que estivera brincando o tempo todo, e que agora, que a aventura chegara ao fim, poderíamos, a sério, retornar ao ritmo natural da vida, continuar a noite normalmente, indo beber um uísque em outro bar...

Isto, se me explica diante de mim mesmo, evidentemente não me desculpa; pois o incidente poderia ter tido conseqüências graves para Henrique Pongetti, que enfrentou fisicamente o brutamontes da Lapa... A alma humana é coisa muito complexa e nem sempre acessível à lógica das explicações mais óbvias. Em suma: bem considerado tudo, continuo não me entendendo direito.

Inclino-me a pensar que foi um sortilégio da Lapa, em cuja atmosfera meio surrealista, saturada de magia e de mistério, sempre aconteciam as coisas mais estranhas...

DESAGREGAÇÃO

"Tudo passou. A própria Lapa passou..."

R. MAGALHAES JÚNIOR

EM FINS DE 1937, tinham-me acontecido todos aqueles infortúnios já narrados no primeiro capítulo deste livro. Minha vida parecia um passeio de montanha-russa, cheio de altos e baixos, mais baixos, aliás, do que altos. Aos trinta anos, via-me eu outra vez sem emprego, diante da contingência de ter de recomeçar tudo de novo.

Desta vez, senti rudemente o golpe. E houve um momento em que, sinceramente, desanimei. Eu já não era mais criança e não podia encarar com otimismo o futuro, envolto em perspectivas tão pouco animadoras. Já contei em que estado de espírito me transferi para São Paulo: eu queria mudar de cenário, conviver com outra gente, respirar em outra atmosfera; e — se possível — esquecer. Esquecer tudo. E, principalmente, o homem que fora, a vida que vivera.

Comecei por mudar completamente meus hábitos de vida; enfurnei-me numa fazenda; eu, indivíduo marcadamente urbano, citadino, quis transformar-me num homem do interior, em contato íntimo com a terra e a gente do campo. Dessa experiência nasceu um romance, o *Fazenda*, escrito entre 1938 e 39 e editado em 1940 pela Guaíra, de Curitiba.

Antes — conforme já foi narrado —, fizera com Henrique Pongetti o *Baile de máscaras*. Ao voltar a São Paulo, depois da estréia da peça, fiquei meses sem ir ao Rio; escrevendo o romance, numa espécie de fúria. Era também uma forma de me distrair, um refúgio, uma evasão, uma busca de serenidade e paz, através do trabalho literário. *Fazenda* representa isto na minha vida; foi uma cura de nervos.

Pronto o livro, fui ao Rio, a fim de tratar de editá-lo. Foi então que conheci Joel Silveira. Brício de Abreu fundara, por essa época, o *Dom Casmurro*, semanário de literatura e arte, cercando-se de um grupo de jovens que trabalhavam com entusiasmo e davam grande brilho à revista. Tirando o redator-chefe (Álvaro Moreyra, depois Marques Rebelo), a redação era toda composta de moços, que iniciavam a carreira das letras, na qual alguns deles iriam atingir postos culminantes: Josué Montello, hoje membro da Academia Brasileira de Letras, Danilo Bastos, Franklin de Oliveira, Joel Silveira.

DESAGREGAÇÃO

Joel devia andar então pela casa dos vinte anos, e dessa idade amável e afortunada apresentava todos os atributos mais simpáticos: era extrovertido, alegre, malicioso, com uma vivacidade e uma petulância de garoto. Logo simpatizei com ele; e, como eu também colaborava (irregularmente) no *Dom Casmurro*, fizemos boa liga; foi Joel quem me apresentou a De Plácido e Silva, o dono da Guaíra, com o qual combinei a edição de *Fazenda*.

Quando este estava para sair, eu voltei ao Rio e, por iniciativa de Joel, recebi uma homenagem, constante de um jantar que se realizou no bar 49, o tal dos famosos siris recheados. "Que se realizou"... é um modo de dizer, porque essa homenagem foi um pouco como a batalha de Itararé — a maior da América do Sul, no dizer do poeta Murilo Mendes —, que não houve. Em todo o caso, o *Dom Casmurro* publicou o meu retrato, ilustrando a seguinte notícia:

"Quarta-feira última realizou-se a homenagem que um grupo de intelectuais e admiradores de Luís Martins promoveu em regozijo pela próxima publicação do seu novo livro, o romance *Fazenda*. Foi uma festa agradabilíssima, a que estiveram presentes figuras expressivas dos nossos meios literários, transcorrendo toda ela num ambiente de cordialidade e brilhantismo. Saudando o autor de *Lapa* falou o sr. Danilo Bastos, que se referiu à obra de Luís Martins, à sua vida agitada de jornalista e às suas qualidades de publicista e homem de letras. Discursou também o sr. Dante Costa, que marcou o sentido daquela homenagem prestada por escritores moços a um elemento de destaque na nova geração. Também discorreram sobre a personalidade de Luís Martins os escritores R. Magalhães Júnior e Guilherme Figueiredo, terminando o sr. Luís Martins por agradecer as palavras com que todos os oradores se reportaram à sua pessoa e à sua obra, mostrando-se comovido com a homenagem que os seus confrades lhe prestavam.

Luís Martins partiu ontem para São Paulo, de volta da sua viagem de recreio a esta capital."

Bem. Dizer que o jantar não houve, como a batalha de Itararé, pensando bem, seria uma inverdade, ou pelo menos um exagero. Haver, houve. Apenas, não era possível que Magalhães Júnior e Guilherme Figueiredo tivessem discursado, pela simples razão de que não estavam presentes à festa. Aliás, não houve discurso de espécie alguma. Lembro-me de que compareceram ao barzinho da Lapa, além de Joel Silveira e Danilo Bastos, promotores da homenagem, Moacir Werneck de Castro, Murilo Miranda, Lúcio Rangel, Odylo e, se não me engano, Franklin de Oliveira, Martins de Oliveira e Henrique Carstens. Penso que Dante Costa também estava presente, apesar de não ser muito da Lapa e, nesse tempo, já estar formado e casado. Em todo o caso, discurso eu posso garantir que não fez. Ninguém fez.

Na realidade, o que houve, mesmo, foi uma reunião mais ou menos improvisada, muito alegre e agradável, por sinal; comemos siris, bebemos chopes, conversamos, rimos, contamos piadas. Apenas, não me deixaram participar da despesa, sob a alegação de que eu era o homenageado.

* * *

Essa reunião informal e improvisada tinha, entretanto, uma significação simbólica, que na ocasião talvez passasse despercebida a todos; não era apenas uma festa de confraternização; era também uma corrida de revezamento, na qual nós, os mais velhos, à véspera da aposentadoria, passávamos o bastão a uma outra geração, que parecia disposta a perpetuar a tradição da boemia literária da Lapa.

Não por muito tempo, *hélas!* O ciclo montmartriano chegava ao fim, entrando numa agonia que se prolongaria por alguns poucos anos mais. Por essa época, Joel Silveira e Danilo Bastos andavam pela Lapa, em companhia de rapazes da sua idade. Creio que Guilherme Figueiredo, que por esse tempo trocou São Paulo pelo Rio, teve também um rápido período de curiosidade pelo velho bairro, mas não estou em condições de assegurar.

Quanto ao nosso grupo, ao iniciar-se a década de 1940, já estava disperso. Magalhães e Dante estavam casados; Odylo logo seguiria o seu exemplo; Martins de Oliveira, nomeado juiz, passou a ocupar-se, nas horas vagas, do seu *hobby* artístico, em que iria tornar-se exímio, fazendo esculturas em madeira; Márcio Reis adoeceu e morreu; eu vim para São Paulo. Restava apenas o poeta Henrique Carstens, como um fantasma erradio e solitário de outras eras...

E os anos correram. Muitos antigos freqüentadores da Lapa escolheram outras paragens para as suas reuniões; criou-se então outro tipo de boemia literária, bem diferente da nossa da Lapa, porque dela participavam senhoras. Foi então a fase de ouro do Vermelhinho, à tarde, na cidade, e do Alcazar, à noite, em Copacabana. O círculo alargou-se. Na *terrasse* do Alcazar viam-se, em certas noites, três ou quatro mesas juntas, todas ocupadas por intelectuais, artistas e simpatizantes, muitos em companhia das respectivas esposas. Antes disto, essa mesma turma costumava reunir-se em torno de Mário de Andrade, na Taberna da Glória; mas depois houve uma espécie de êxodo em massa para a Zona Sul.

Quando ia ao Rio, eu não me fazia anunciar, nem marcava encontro com ninguém. Tinha certeza absoluta de encontrar no Alcazar pessoas amigas e conhecidas e para lá

DESAGREGAÇÃO

me dirigia com a maior naturalidade, como se tivesse combinado na véspera encontrar-me com elas. Rubem Braga, Moacir Werneck de Castro, Murilo Miranda, Lúcio Rangel eram certos; Carlos Lacerda, Vinicius de Moraes eram freqüentes; mais tarde, nos últimos anos (porque a era do Alcazar e do Vermelhinho também passou), Fernando Sabino, Paulo Mendes Campos, Osvaldo Alves, às vezes Dorival Caymmi. E muitos outros. Em torno das mesas, nunca faltavam senhoras. Foi no Alcazar (mas isto anos depois) que eu conheci Mariinha Thiré, antes de ser atriz e se chamar Tônia Carrero.

A vida de um homem é um mosaico de saudades. Quantas vozes, quantos ruídos, quantos aromas, quantas paisagens se confundem neste emaranhado de lembranças em que a trama do tempo me envolveu! As noites de Copacabana e as noites da Lapa, separadas em dimensões de espaço e tempo, são hoje uma longa noite só, cheia de luzes, rumores festivos, alegres músicas, descuidados risos, gosto de chope gelado... Tudo isto jamais voltará.

Agora, tantos anos passados, tudo é uma única saudade, triturada no cadinho do tempo — Vermelhinho e Túnel, Danúbio Azul e Alcazar. Mas em 1940 as noites de Copacabana eram o tempo presente — e as da Lapa já passado; um pouco de mim nelas morrera e começava a se tornar memória. Foi então que as evoquei, nesta melancólica

Ballade des dames du temps jadis, inspirada em Villon e dedicada a Odylo Costa, filho:

>	Vocês se lembram? Escapei da forca
>	E andava tristonho nas ruas da Lapa.
>	As madrugadas todas amargas
>	Deixavam nos olhos uns tons de ressaca.
>	E nós vivíamos nas madrugadas
>	Talvez procurando as *neiges d'antan.*
>	Você se lembra, Colin de Cayeux?
>	Você se recorda, Petit Thibaud?
>
>	Já faz tanto tempo! Na hora infame
>	Em que fechavam os cabarés
>	(Estávamos pálidos, faces de giz)
>	Nós ainda íamos à procura
>	Da flor do beco dos Carmelitas.
>	E a flor do beco dos Carmelitas
>	Era a *Reine Blanche comme un lys.*
>	Você se lembra, Colin de Cayeux?
>	Você se recorda, Petit Thibaud?
>
>	Numa casinha ao pé do morro
>	Morava Flora, la Belle Romaine.
>	Havia um piano tuberculosíssimo
>	Que *chantait à voix de sereine.*
>	Numa mesinha junto à porta

DESAGREGAÇÃO

Bertha *au grand pied* bebia cerveja.
Por cima das casas, do lado do mar,
A aurora surgia, da cor de cereja...
Você se lembra, Colin de Cayeux?
Você se recorda, Petit Thibaud?

Às vezes, já tarde, no fundo dos copos,
Ficávamos místicos a noite inteira.
Então chorávamos diante da igreja
(Perto era a casa de Manuel Bandeira)
Odylo, eu, meu amigo Verlaine,
Também chamado o "Pauvre Lélian"
Et Jeanne, la bonne Lorraine,
Qu'Anglois bruslerent à Rouen.
Você se lembra, Colin de Cayeux?
Você se recorda, Petit Thibaud?

Agora é outra Lapa e nós somos outros...
(...)

LUA E PASSARINHO

"Segall, alma séria e grave, ia ali para debruçar-se sobre as almas mais solitárias e amarguradas daquele mundo de perdição, como já se debruçara sobre as almas mais solitárias e amarguradas do mundo judeu, sobre as vítimas dos *pogroms*, sobre o convés de terceira classe dos transatlânticos de luxo."

MANUEL BANDEIRA

ORA, ACONTECEU QUE por essa época, isto é, aí por volta de mil novecentos e quarenta e tantos, durante a guerra, apareceu no Rio um interessantíssimo casal. Ela era norte-americana de Massachusetts, chamava-se Genevieve — e tirava fotografias. Ele era um tipo extraordinário: russo de nascença, naturalizara-se cidadão norte-americano, dizia-se pintor e atendia pelo apelido de Mischa. Nunca ninguém soube ao certo o que viera fazer o estranho casal no Brasil; Genevieve às vezes fotografava, mas o boa-vida do Mischa não fazia absolutamente nada. Isto é, a não ser beber como um camelo e tagarelar todas as noites nos bares de Copacabana.

Era muito engraçado; o precaríssimo, reduzidíssimo e arrevezado português que falava tornava ainda mais pitorescas as coisas absurdas que dizia, as incríveis mentiras que pregava, com o ar mais sério deste mundo. Mischa era um misto de palhaço, *pince-sans-rire* e intelectual surrealista, um exemplar típico da boemia artística de Greenwich Village, com um completo desprezo pelas convenções e um cinismo de estarrecer.

Não sei como, o casal travou conhecimento com a turma que por essa época freqüentava o Alcazar — Moacir Werneck, Lúcio Rangel, os casais Rubem Braga, Vinicius de Moraes, Murilo Miranda, etc. — e todas as noites demorava-se com ela no famoso bar. Genevieve pouco falava; mas o loquacíssimo Mischa divertia a todos com as suas histórias extraordinárias. Em pouco, tornou-se, no grupo, uma figura indispensável. Sempre que ia ao Rio — e ia com freqüência, nesse tempo —, eu me divertia muito ouvindo o fabuloso Mischa.

Sua capacidade de beber era assombrosa. Uma vez, ele me convidou para almoçar em seu apartamento, que ficava no Leme. Cheguei ao meio-dia; Genevieve tinha saído, porém Mischa ainda estava na cama; despertou com o meu toque de campainha. Estremunhado, abriu a porta, fez-me entrar no seu quarto, tornou a deitar-se; sobre o criado-mudo havia uma garrafa de uísque e uma coleção impressionante de vitaminas. Ele pôs na boca umas três ou quatro drágeas, despejou uísque puro num copo, até a metade — engoliu as drágeas com o auxílio do líquido. Era este o seu café da manhã.

Perguntei pela mulher.

— Genevieve?... Trabalhar. Ela gosta de trabalhar. Eu não gostar. Eu beber, conversar com amigos... Bom, no? Trabalhar, no bom.

E tornou a despejar uísque no copo, ingerindo-o em seguida.

— Quer? — ofereceu.

— Não, obrigado. A esta hora, não.

A verdade é que, embora tivesse tomado o meu café da manhã e já fosse mais de meio-dia, eu me sentia quase nauseado de vê-lo beber uísque puro em jejum. Aquilo me tirava a vontade de tomar um aperitivo, o que, em outras circunstâncias, faria com prazer.

Mischa, entretanto, apenas principiara. E, embora o seu convite fosse para almoçar, não parecia sentir o mínimo sinal de fome. Aliás, eu não via nenhuma possibilidade de almoço; empregada, como logo pude verificar, não havia; o apartamento estava todo em desordem, com roupas jogadas pelo chão, cinzeiros atulhados de pontas de cigarros, as janelas ainda cerradas. E o Mischa a tagarelar e a entornar uma dose de uísque atrás da outra. As horas passavam; uma fome terrível começou a me torturar o estômago; não havia um pedaço de pão no apartamento, para remédio!

Às quatro horas da tarde, quase alucinado, eu pretextei um encontro marcado e saí, à procura do mais próximo restaurante... Mischa, inteiramente à vontade, despediu-se alegremente:

— Nós encontrar no Alcazar esta noite. Eu vai com Genevieve. Você no faltar! Nós muito amigo!

* * *

Não me lembro exatamente quem apresentou Mischa ao famoso pintor Lasar Segall. Sei que este se achava no Rio e saiu com um grupo grande, para jantar; éramos umas sete ou oito pessoas, e entre elas estavam Mischa e Genevieve.

Eu me achava no Rio de passagem; e foi com enorme prazer (como sempre tinha, quando em sua companhia) que me encontrei com Segall em terras cariocas. Aliás, fora no Rio que eu o conhecera, muitos anos antes; mas depois, em São Paulo, é que se estreitaram as nossas relações, em fortes vínculos de amizade.

Segall foi uma das criaturas mais atraentes, mais fascinantes, mais extraordinárias que conheci. Do imenso valor do artista, seria ocioso falar. Na sua obra formidável, das mais originais e sérias da pintura do século XX, uma das notas mais tocantes e sugestivas, porque reveladoras da generosidade do homem, é a ternura, a compaixão, o interesse comovido com que explorou um dos temas mais escabrosos, mais desprezados e, no entanto, dos mais trágicos que a humanidade pode oferecer à meditação e à sensibilidade de um artista: a prostituição da mulher.

Desde muito moço, ainda na Alemanha, Segall já se debruçava, profundamente emocionado, sobre o espetáculo das marginais do amor e da sociedade na vida miserável e triste dos prostíbulos, ao ilustrar o famoso *Bubu de Montparnasse*, de Charles-Louis Philippe, verdadeiro poema em prosa sobre o *milieu* parisiense. Pouco depois de sua chegada ao Brasil, onde se radicaria definitivamente, adotando a nossa nacionalidade, excursionou pelas zonas do meretrício barato, captando, com o seu lápis ágil, cenas, aspectos e criaturas que iriam, muitos anos depois, compor esse admirável *Mangue*, álbum de *croquis* que é hoje uma preciosíssima raridade bibliográfica. As mulheres decaídas inspirar-lhe-iam, ainda, uma série de quadros intitulada *As erradias*, um dos mais belos ornamentos desse mosaico monumental que é a obra segalliana.

Eu sabia da fascinação que esse assunto, tão rico de sugestões para um artista, exercia sobre a sensibilidade do grande pintor. Muitas vezes conversávamos a respeito. Assim, depois do jantar, enquanto discutíamos sobre o que deveríamos fazer, eu sugeri:

— Olhe, Segall. Você devia conhecer um cabaré da Lapa...

Ele imediatamente topou a idéia. E, assim, rumamos todos para o famoso bairro, escolhendo o Brasil como excelente ponto de observação para a colheita de material e sugestões que pretendia fazer o artista. Entre nós, a dizer palavrões como um garoto, o irreverente, o desabusado, o inconveniente Mischa.

* * *

Ao ver tão luzida companhia — em que havia senhoras — invadir o seu estabelecimento, Bueno Machado desmanchou-se em rapapés. Pressuroso, juntou duas mesas, recomendando ao garçom que nos servisse com presteza.

Para o fim com que ali estávamos, o ambiente não poderia ser melhor: Segall tinha um excelente material humano diante de si. Parecia interessado e comovido. Mischa, porém, que bebera às pampas, como sempre, tinha outros propósitos: queria discutir. E — o que é pior — discutir a pintura de Segall, com o próprio Segall.

Ele dizia-se pintor, mas a verdade é que nunca pintara nada, ao menos durante a sua permanência no Brasil; nunca ninguém vira um quadro seu, um desenho, uma gravura, um esboço que fosse. Quando se falava nisto, ele desconversava:

— Muito calor in Brasil... Eu no gostar de trabalhar com calor... Genevieve gostar.

Quando ele declarou peremptoriamente, dirigindo-se a Segall: "Nós vai discutir seu pintura", eu suei frio. Em primeiro lugar, com o português tatibitate que falava, qualquer discussão tornava-se absolutamente impossível; depois, eu o sabia desbocado e inconveniente, e temi pela paz da reunião, até então muito agradável.

Mas vi que Segall sorria, divertido; e também sorri. O pintor de *Navio de emigrantes*, russo de nascimento, embora nunca tivesse perdido o sotaque eslavo que tornava a sua pronúncia tão característica, falava o português com grande fluência; Mischa, porém, do nosso idioma, se conhecia duas dúzias de vocábulo, era muito. Assim, para facilitar as coisas, propus que conversassem em russo.

— No — protestou Mischa. — Eu quer você ouvir.

Nesse tempo, eu fazia crítica de arte; e, evidentemente, ele queria transformar-me em juiz da pugna. Os outros não prestavam muita atenção à conversa. Então, sem mais aquela, Mischa começou:

— Segall, seu pintura, no bom. Você pintar *Guerra* (parece que vira a grande tela em São Paulo), gente brigando, gente morrendo. Guerra no gente brigando, no gente morrendo. Guerra é uma monstra... assim: u-u-u-uh! (Arrepiou os cabelos, fez uma careta, arreganhou os dentes.)

Eu caí na gargalhada. E Segall também riu. Mischa, porém, que só no cabaré já arranjara tempo para ingerir uns dois ou três uísques, continuou imperturbavelmente a sua "crítica". Impossível saber o que ele pensava, o que queria dizer, onde pretendia chegar. Tenho uma vaga idéia de que era contra o figurativismo. Segall esforçava-se por entender, muito atento, muito polido, bebendo água mineral. Afinal, piscou um olho para mim, francamente divertido — e resolveu responder.

O que ele disse, mais ou menos, foi o seguinte: esse negócio de teorias, escolas, etc., era, sem dúvida, muito interessante, mas ele, Segall, pintava movido por uma necessidade íntima, imperiosa, de exprimir o que sentia e da forma que sentia. E, para encerrar o assunto (evidentemente, não estava com vontade de discutir), acrescentou:

— Meu amigo, eu pinto como os passarinhos cantam...

E Mischa, muito exaltado:

— Você, no passarinho!

Então, com infinita paciência, Segall tentou explicar ao seu estranho opositor que, de fato, ele não era passarinho, nem pretendia passar por tal. O que quisera dizer era simplesmente isto: as escolas passam, a verdadeira arte, quando é sincera, fica.

— Compreende?

E como Mischa não desse mostra de compreender:

— Meu amigo, as vaidades, as ambições, as ilusões dos homens são coisas efêmeras. Entretanto, existem verdades eternas, como a lua. Os séculos e as gerações se sucedem, as civilizações morrem, as formas de arte se modificam — e a lua é sempre a mesma...

E Mischa, imperturbável e obstinado:

— Você, no lua!

LUA E PASSARINHO

Apesar de me sentir irritado com a sua impertinência, eu não podia deixar de rir. E ao perceber que Segall, embora também achando graça, começava a apresentar alguns sinais de impaciência, achei melhor intervir:

— Bem, Segall — falei. — Você não vai explicar ao Mischa que também não é lua, não é?

Foi água fria na fervura; todos nós rimos — inclusive o próprio Mischa — e passou-se a falar em outra coisa. Mas, dias depois, encontrando-me com o marido de Genevieve no Alcazar, ele voltou a falar no assunto:

— Segall pensar ele é lua, ele é passarinho... Ele no lua! No passarinho! Filho-da-puta!

* * *

Tudo isso é história antiga. Acabada a guerra, Mischa e Genevieve voltaram aos Estados Unidos — e até hoje nenhum de nós sabe ao certo o que vieram cá fazer. Toda sorte de conjecturas se aventou na ocasião, depois o tempo passou e o estranho casal foi esquecido.

Segall já não pertence ao mundo dos vivos. A curiosa história da lua e do passarinho espalhou-se, porque eu a contei a diversas pessoas. Quando estive em Paris, em 1950, uma das primeiras coisas que Cícero Dias me pediu foi que lhe contasse direitinho como as coisas se tinham passado, porque já ouvira o episódio por intermédio de terceiros.

O próprio Segall, numa noite de festa em sua casa, exigiu que eu tornasse a relatá-lo, o que fiz meio constrangido, entre as risadas de todos, inclusive dele próprio...

Não vejo por que não deva incluí-lo nestas memórias sobre a Lapa. Fazendo-o, não incorro em nenhuma irreverência, em nenhum desrespeito ao grande pintor, meu querido amigo cuja memória cultuo com saudade.

Sempre pensei que fosse a única testemunha da curiosa discussão travada num cabaré da Lapa nessa noite de um longínquo ano da década de 1940. Como já disse, além dos protagonistas do caso e de mim próprio, havia outras pessoas presentes, mas sentavam-se em lugares mais afastados e pareciam alheias ao que se passava. Entretanto, encontrando-me recentemente com o poeta Dante Milano no Rio, pusemo-nos a evocar coisas do velho tempo e, lá para as tantas, ele me perguntou:

— Você se lembra daquela noite em que Segall foi à Lapa?

— Lembro-me perfeitamente. Você estava conosco?

— Como não! Pois até estava também aquele sujeito gozadíssimo... Como era mesmo o nome dele?

— Mischa.

— Isto! E o Mischa começou a dizer que Segall "no lua, no passarinho"... Lembra-se?

Como não havia de me lembrar?

UM PROBLEMA ETERNO

> "Pobres flores gonocócicas
> Que à noite despetalais
> As vossas pétalas tóxicas!
> ....
> Por que não vos trucidais
> Ó inimigas? Ou bem
> Não ateais fogo às vestes
> E vos lançais como tochas
> Contra esses homens de nada
> Nessa terra de ninguém!"
>
> VINICIUS DE MORAES
> *Balada do Mangue*

A MAIS PERSISTENTE ASSOCIAÇÃO de idéias relacionada com a Lapa (e talvez o meu romance tenha contribuído, em parte, para isto) é a que logo sugere, à enunciação do nome do velho bairro, a imagem da prostituição.

Mesmo agora, enquanto procuro fixar no papel estas recordações da mocidade, não raro as pessoas a quem falo do meu projeto geralmente sorriem com malícia, como que à espera de revelações indiscretas e escandalosas.

A Lapa não era, como foi o Mangue, uma zona exclusivamente ocupada pelo meretrício. Este era, sem dúvida, um dos seus aspectos, mas é preciso que se esclareça: a sua face oculta, o seu lado secreto, a sua parte reservada e mais ou menos dissimulada em ruas periféricas que poderiam ser consideradas como o "subúrbio" da Lapa.

O melhor será dizer que havia duas Lapas: a pública, a evidente, a urbana, com o seu comércio, as suas lojas, os seus restaurantes, os seus bares, os seus cabarés, intensamente iluminada e com um grande trânsito de veículos; e a outra, secreta, escondida, suburbana, insinuando-se pelas ruelas escuras na encosta do morro de Santa Teresa — Conde de Lage, Taylor, Joaquim Silva. Aí ficavam as "pensões", isto é, os alcouces ou conventilhos, uns pegados aos outros, ocupando toda a extensão da rua (como na Conde de Lage) ou intermitentes, disseminados entre casas de comércio, depósitos ou oficinas, como acontecia na rua Joaquim Silva.

Não terei a hipocrisia de dizer que esta Lapa não freqüentamos; mas, para os propósitos, fins e caráter deste livro, ela pouco ou nada interessa; nela jamais se firmou e caracterizou aquele espírito de grupo, de sociabilidade, de boemia coletiva, que definia a nossa convivência nos bares.

UM PROBLEMA ETERNO

A eventual excursão por essas paragens sombrias era um ato individual que, em geral, até mesmo devido a um instinto de pudor, se procurava disfarçar ou ocultar dos companheiros. É verdade que uma ou outra rara vez íamos em grupo; mas, como Simão, diletante de ambientes, à cata do pitoresco... Em geral, nada mais inocente do que essas excursões; a presença de cada um, por uma questão de respeito humano, inibia os demais. Sentávamo-nos a uma das mesas, bebíamos cerveja, brincávamos com as raparigas e ficávamos nisto, como se fôssemos (em verdade, não éramos) austeros observadores do vício, apenas interessados na sua contemplação...

Mesmo isto verificava-se com mais freqüência nos primeiros anos, isto é, 1931, 32 e 33. Depois de 1934, a nossa Lapa era quase exclusivamente o bar.

Bem. Não me tomem rigorosamente ao pé da letra. Passar por puritano — que não fui — é intuito que francamente não me seduz, nem anima. O que quero acentuar e deixar claro é que esse aspecto pecaminoso da Lapa, que a muitos parece predominante, na realidade era, para nós, secundário e acessório.

A Lapa não foi isto, ou não foi principalmente isto, em nossas vidas.

* * *

Quando a polícia do Estado Novo, num desses acessos periódicos de puritanismo que se manifestam, em geral, pela violência e a arbitrariedade, resolveu exterminar a prostituição ostensiva e regulamentada das ruas do Rio, destruindo a "zona" do Mangue e fechando todos os bordéis da Lapa, eu já morava em São Paulo e o nosso ciclo lapiano se encerrara.

Foi uma coisa brutal e iníqua, como são sempre as campanhas policiais nesse sentido. E, além de iníqua e brutal, inútil. Inevitavelmente, aconteceu o que iria acontecer na França, em 1945, quando o Conselho Municipal de Paris aprovou um projeto de lei de Mme. Marthe Richard, proibindo a prática da prostituição sob todas as suas formas.

O dr. Jean Lacassagne, estudioso do assunto, observa: "O fechamento dos bordéis teve como conseqüência espetacular o aumento imediato de prostitutas na via pública; e isto se devia esperar." Pois, como assinalara Sabatier: "En defendant aux filles d'être nulle part, on les obligea à se répandre partout." Foi exatamente o que se deu no Rio, como se daria em São Paulo anos depois.

Pela legislação brasileira, a prostituição, em si, não é crime, passível de sanção legal. Crime é o lenocínio.

No tempo em que os nossos homens públicos, no seu respeito inflexível à lei, não tinham receio de se expor ao sarcasmo dos inimigos e às vacilações da opinião pública, Rui Barbosa não hesitava em tomar o partido das meretrizes ilegalmente detidas e brutalizadas pela polícia, atacando Epitácio Pessoa e Eneas Galvão, respectivamente ministro da Justiça e chefe de polícia, no governo Campos Sales. Corajosamente, o grande apóstolo da liberdade citava Guyot: "A polícia, a não haver delito, não tem mais direito de prender a messalina que a matrona. Não lhe assiste mais direito de maltratar uma rameira que a uma senhora. Nosso direito político declara a lei igual para todos: não estabelece uma para as mulheres casadas, outra para as cortesãs." E Rui acrescentava: "Eis a doutrina, a verdade, o evangelho. Esse o nosso direito, a nossa constituição, a nossa legalidade. Se o sr. Campos Sales não se quer levantar, nem quer levantar os seus agentes, à vulgaridade dessa noção, o seu republicanismo não vale a borralheira das queimas do sr. ministro da Fazenda."

Rui não se sentia moralmente diminuído em tomar a defesa das humildes criaturas dos prostíbulos, protestando com essa veemência e essa generosidade. No Brasil, entretanto, essas atitudes são raras. A prostituição é um assunto tabu, que as pessoas bem pensantes evitam abordar; e, assim, ela fica inteiramente ao arbítrio da polícia, cujas periódicas e brutais campanhas "moralizadoras" quase sempre têm o apoio da imprensa, temerosa de desgostar os sentimentos puritanos das famílias... E em virtude desse silêncio, dessa omissão, dessa cumplicidade, praticam-se as maiores violências, cometem-se os mais odiosos crimes contra as infelizes marginais de uma sociedade iníqua, que tudo faz para facilitar a queda das mulheres — e depois as tritura com a sua indiferença e a sua ferocidade.

* * *

Entretanto, a prostituição não é um caso de polícia: é um problema de assistência social. Sejam quais forem os fatores que se pretendam apontar como causas principais dessa triste chaga da Humanidade (endócrinas, psicológicas, morais), há um que quase todos os autores reconhecem como válido, e esse fator é de ordem social: miséria. Já no início do século XIX, em 1836, um médico higienista francês, A.J.B. Parent-Duchatelet, numa obra monumental que tratava da prostituição sob todos os aspectos, encarando-a sob o ponto de vista da história, da moral, da legislação e da higiene, afirmava: "De todas as causas da prostituição, particularmente em Paris, e provavelmente nas outras grandes cidades, não há nenhuma mais ativa que a falta de trabalho e a miséria, conseqüência inevitável de salários insuficientes."[17]

O dr. Giuseppe Vidoni, embora encarando o assunto mais sob o ponto de vista da antropologia (hoje diríamos: biotipologia) lombrosiana, reconhece: "Fixando a atenção

---

[17]A.J.B. Parent-Duchatelet, *La Prostitution dans la Ville de Paris*, Paris, 3ª edição, 2 vols., 1857.

sobre as causas *externas* que consegui pôr em relevo nas prostitutas por mim examinadas, recordo que não está esquecida a miséria".[18]

Albert Londres, num livro célebre, já citado nesta obra, advertia: "O *trottoir* nunca foi a antecâmara das aventuras e da voluptuosidade. Ele foi e é, ainda hoje, o caminho do restaurante".[19]

E o grande Balzac punha na boca de uma decaída esta simples frase de tão comovedora humildade: *"Il faut pardonner beaucoup à la misère".*[20]

Costuma-se classificar a prostituição de "mal necessário" — o que me parece uma imoralidade e um contrasenso, pois eu não creio que mal algum possa ser necessário. Até agora, entretanto, devemos reconhecer que não se descobriu nenhuma panacéia específica contra ele, de onde se conclui que, se não é necessário, dá a impressão de ser incurável.

Há, todavia, autores que, ao encará-lo sob um ponto de vista estritamente científico, concluem pela sua necessidade relativa, como é o caso do dr. Enrico Morselli, antigo diretor

---

[18]Giuseppe Vidoni, *Prostitutas y prostitucion*, com prefácio do dr. Enrico Morselli, tra. esp., Madri, 1931.
[19]Albert Londres, *Le chemin de Buenos-Aires: La traite des blanches*, Paris, Albin Michel, 1927.
[20]H. de Balzac, *Splendeurs et Misères des Courtisanes.*

da Clínica Neuro-psiquiátrica da Universidade de Gênova, que assim se manifesta: "Devemos ser sinceros: é difícil dizer que a prostituição é toda ela um mal e não contém uma parte, embora mínima, de bem. (...) Basta indicar o nexo indissolúvel que tem o problema da prostituição com o celibato, convertido hoje numa condição quase inevitável para muitos homens e mulheres". (Devido a causas econômicas.)

Eu sei que a hipocrisia puritana preferiria ignorar tal argumento, considerando-o imoral e desprezível. Mas devemos ser objetivos e encarar a realidade de frente.

Seja como for, mal necessário ou não, o fato é que a prostituição sempre sobreviveu a todas as campanhas pretensamente moralizadoras, leis inócuas e perseguições policiais. É um fenômeno universal. Até nos países socialistas, segundo estou informado, ela existe.

Até agora, e desde os primórdios da Civilização, ela se tem mostrado invencível e dá a impressão de ser eterna. A experiência histórica o prova.

A polícia do Estado Novo não sabia disto. Entretanto, o José sabia.

* * *

José, ou Zinho, como era mais conhecido, mulato desempenado e de boa pinta, sempre bem-humorado e muito amável com toda a gente, era quase um tipo popular na Lapa.

UM PROBLEMA ETERNO

De profissão, motorista de praça. Com espantosa freqüência eu o encontrava, de madrugada, ao sair dos bares com destino à casa — e então era fatal o convite:

— Como é, doutor! Vamo rodar?

Embora eu morasse perto e pudesse perfeitamente fazer o curto trajeto a pé, algumas vezes utilizei-me dos seus préstimos, não só por me sentir fatigado e sem vontade de caminhar como também pelo seu jeito especial de abrir a porta do carro e ir logo dando a partida, como se estivesse certo da minha aquiescência; quando eu me lembrava de dizer que não, já estava dentro do veículo e rodando para a rua do Catete...

Mudando-me para São Paulo, perdi o José. Passaram-se os anos e uma noite, aí por 1942 ou 43, estando no Rio, resolvi dar uma volta sozinho pela Lapa. Vagarosamente, percorri as velhas ruas do pecado, agora desertas. As casas fechadas pareciam estar de luto. Os meus passos repercutiam longe, no silêncio. Era sinistro.

Desci a rua Teotônio Regadas e, chegando ao largo da Lapa, ia-me encaminhando para a rua do Passeio, quando, ao passar em frente a um botequim, ouvi uma exclamação jubilosa:

— Ô, doutor! Há quanto tempo!

Era o José. Estava o mesmo. Perguntei pelo calhambeque; era também o mesmo e estava "às ordens".

— Olha ele ali, o senhor não está vendo? Eu só vim tomar um cafezinho...

— Bem, você vai-me levar em casa.

— É ainda na rua Santo Amaro?

Expliquei-lhe que não, já não morava no Rio; agora estava hospedado na casa do velho — e esta ficava mais longe: na rua do Bispo. Entrei no veículo e puxei conversa. Perguntei-lhe o que achava das recentes medidas policiais...

— É, doutor. A cana está dura — lamentou-se o José, coçando a carapinha. Logo depois retificou-se: — Quer dizer: está dura pros trouxas.

— Como assim? A polícia não fechou tudo?

O José meteu o pé no breque, diminuiu a marcha, quase parou; voltou-se para trás, com uma expressão maliciosa e um risinho canalha:

— Fechou de araque, doutor. ("Araque" era uma expressão da gíria do tempo.) O senhor quer que eu leve agora mesmo o senhor numa boa casa?

— Não, obrigado. Vamos para a rua do Bispo.

— Bem, era só querer... Na rua Benjamim Constant tem a Fulana e a Beltrana... Na Cândido Mendes está assim! Agora, tem uma coisa: é mais caro. O senhor sabe, o negócio agora é clandestino. Tem de se dar muita gruja pros tiras...

— Quer dizer que continua tudo na mesma...

— Não. Na mesma, não senhor. Agora é diferente. Quer dizer: a brincadeira está é pra quem tem a grana.

(Profundo José! Anos depois, o dr. Jean Lacassagne, sem o saber, haveria de parodiá-lo, referindo-se à mesma situação na França: "O regime abolicionista criou o mercado negro do amor venal... As tarifas são exorbitantes porque os riscos se pagam; somente os clientes ricos podem freqüentar esses lugares ocultos.")

E o meu loquaz motorista, a todo vapor, prosseguia:

— O senhor sabe o que vai acontecer? Vá por mim... Essa gente nova não tem dinheiro. Qualquer dia desses o senhor vai ler no jornal que tem homem por aí pegando mulher na rua. (Extraordinário Zinho! Além de profundo, profético! Pois, realmente, os crimes de natureza sexual logo começaram a surgir, de maneira alarmante, no Rio, como haveriam de surgir dez anos mais tarde em São Paulo.)

O carro deslizava pela avenida Salvador de Sá, ali perto ficava o Mangue. Eu tinha pressa de me informar; queria saber coisas, instruir-me com o José, manancial de sabedoria e conhecimentos. Perguntei:

— É verdade que muitas mulheres se mataram?

Corria que o fato se dera, embora os jornais nada publicassem, pois gozávamos as delícias do Estado Novo e a imprensa era severamente censurada pelo DIP, de nefanda memória. O José confirmou. Fora um horror! Principalmente no Mangue; muitas mulheres, desesperadas, sem saberem para onde ir e o que fazer, tinham ateado fogo às vestes. Na Lapa mesmo, a Joaninha...

— O senhor conheceu a Joaninha?

Eu não me lembrava da Joaninha. Pois é. O José não tinha certeza — falavam —, ver com os seus próprios olhos,

não vira; pois falavam que a Joaninha tinha tomado veneno... E eu me lembrava do final trágico do *Yama*, de Krupin...
Estávamos em Haddock Lobo, daí a pouco chegaríamos em casa. Fiz a última pergunta:

— E o que foi feito de toda essa gente?

— O mulherio? Espalhou-se por aí... Umas foram pra São Paulo, outras pra Minas, muitas para cidadezinhas do interior... A maior parte está aqui mesmo. Fazendo a mesma vida, escondidas. O que é que elas podiam fazer? Trabalhar, não sabem. E, depois, quem é que vai querer empregar uma mulher dessas? O senhor queria?

Não respondi. O carro entrava na rua do Bispo.

— É aqui — falei. — Quanto é isso?

O José — simpático malandro! — riu com todos os seus dentes, inclusive um de ouro:

— Ei, doutor, a gente é amigo velho... Quanta corrida eu fiz pro senhor! Ainda outro dia pensei: o doutor desapareceu da circulação. Nunca mais vi os seus amigos... Agora é tudo gente nova, diferente... É isto, doutor: a nossa Lapa acabou!

— Quanto é? — insisti.

— O senhor dá o que quiser...

Dei mais do que queria — e do que marcava o taxímetro. Mas, no fim, ainda saía ganhando, porque aprendera muita coisa de graça... E, depois, — por que não dizer? — eu me sentia vagamente emocionado... A "nossa" Lapa!

DECLÍNIO

"Mais ou sont le neiges d'antan."

VILLON

TRÊS ANOS depois de ter deixado o Rio e a Lapa — em 1940, portanto —, eu escrevi a *Ballade des dames du temps jadis*, já transcrita no capítulo "Desagregação".

"Agora é outra Lapa e nós somos outros..." Começávamos a ser. Mas a própria Lapa, isto é, a imagem de Montmartre que dela havíamos criado, mais depressa do que nós se modificava, decaía e declinava.

O veterano *habitué* que, impelido pelo sentimentalismo ou por um impulso de saudade, se dispusesse a reviver as velhas noites no cenário antigo, em pouco verificaria que ali estava como um retardatário deslocado e fora de foco, rompido o vínculo que o ligara a um mundo antes cheio de gente — e agora povoado de fantasmas. E o que antes fora a aventura do quotidiano, agora passava a ser uma piedosa romaria, ou excursão arqueológica, a uma cidade morta ou a um cemitério de ruínas.

Não que fisicamente a Lapa se tivesse modificado muito. Pelo contrário, na aparência, continuava a mesma; as mesmas velhas casas, as mesmas ruas trôpegas, as mesmas calçadas esburacadas, as mesmas árvores empoeiradas; quase os mesmos cafés, cabarés e botequins; pelo menos no começo, ainda os mesmos bares que tínhamos freqüentado, embora sem as mesmas garçonetes. A Lapa, como logradouro, como bairro, como região urbana, subsistia. O que se extinguia aos poucos era a sua alma, esse misterioso espírito dos lugares, que lhes dá autonomia, personalidade e caráter. A Lapa se despia de sua fulgurante fantasia boêmia de Pigalle, com que se disfarçara durante um Carnaval de dez anos, para entrar numa Quaresma de marasmo, pobreza e melancolia.

E quais as causas desta decadência e desta ruína? Várias e complexas. Em primeiro lugar, o espírito instável, movediço e buliçoso do Rio (não digo do carioca, porque muitos habitantes do Rio não são cariocas), que não se fixa nunca a um hábito, a uma rotina, a uma tradição. A nossa geração encerrara o seu período de boemia e juventude, mas as outras, que nos sucediam, poderiam continuar e perpetuar a tradição montmartriana da Lapa; isto, entretanto, não aconteceu, porque no Rio não é possível a continuidade, a permanência de coisa nenhuma. Eu já contei que na década de 1940 houve, nas rodas intelectuais, uma espécie de êxodo em massa para a

DECLÍNIO

Zona Sul; a Lapa ficou fora de mão. E Copacabana, que começava a ser o maior centro da vida noturna da cidade, acolheu naturalmente os trânsfugas do Danúbio Azul e do 49; o eixo da boemia literária deslocava-se da sombra dos velhos Arcos para a orla oceânica de além-túnel.

Depois, é preciso reconhecer que também as violentas medidas policiais contra o meretrício tiraram à Lapa muito do seu pitoresco e da sua sedução.

Mas o que apressou mesmo o extermínio da nossa pequena Montmartre improvisada nos trópicos foi a guerra. Não pensem que exagero ou fantasio. No tempo da guerra, o Rio transformou-se numa base de operações da frota norte-americana do Atlântico Sul e vivia sempre cheio de louros marinheiros com muitos dólares e ansiosos por gastá-los numa terra que era um oásis passageiro em sua rota de aventuras, sacrifícios e perigos. A longa permanência em alto-mar, na penosa e arriscada caça aos submarinos nazistas, dava a esses homens uma verdadeira fúria de prazeres, quando em terra firme.

Naturalmente, invadiram a Lapa, enchendo de alegria, animação, movimento e cantoria os seus bares e cabarés. Isto, porém, descaracterizava, modificava, desfigurava profundamente a fisionomia do bairro; uma Lapa ianquizada era impossível.

Conservo em meu arquivo um precioso documento da época, que bem sublinha e comenta esta impossibilidade;

trata-se da crônica "Noturninho da Lapa", publicada em *O Globo* de 13-4-1944, na qual Henrique Pongetti ("Jack"), sob uma forma brincalhona, fazia agudas observações e dizia coisas perfeitamente justas:

"O Luís Martins e o Henri Kauffmann, dois leões-de-chácara intelectuais em permanente defesa da poesia noturna da Lapa, devem andar muito amolados da vida: os marinheiros louros de Tio Sam alteraram a fisionomia do bairro. Alterações profundas. Como se Walt Whitman se intercalasse a François Villon num 'pastel' tipográfico. Como se os trombones dilacerantes e doidos da Broadway se infiltrassem de surpresa num coro dengoso de pastorinhas.

A Lapa com gigantes louros, procurando entender inglês e tentando falar inglês, machuca o namorado da sua alma típica como se fosse uma mulher e praticasse uma infidelidade à vista. O que era uma gostosura na boca da Lapa era justamente o dialeto carioca revisto e aumentado cada noite pelo malandro criador de neologismos funcionais.

Vocês não choraram, Luís Martins e Henri Kaufmann, quando viram a mulata Deolinda torcer aquela boca fresca de madrugada para dizer ao importuno: *Plague on him*?"

* * *

"Na Lapa, a garçonete russa que Luís Martins transferiu completa para seu romance *A terra come tudo*, procurava arrancar os 'rrr' do sotaque eslavo para meter os 'ttch' e os 'ddg' da Deolinda:
— Tão engraçaddginho! Tão bonittchinho! Ah! Quem já ouviu a fala de Deolinda nos lábios de Varenka Olessova!
— Se a ingrata repetir *Plague on him!*, ensurdecei-me para sempre, Senhor!"

* * *

"A Lapa nunca foi lugar para turistas. Nas suas bibocas puxadas a música e a chope, era justamente o carioca que se entocava para encontrar a alma típica da cidade. Praça Onze de todas as noites. Para se atravessar os dois túneis de Copacabana já se precisa de passaporte e de intérprete. A Lapa era um 'pique' no brinquedo de pegar do universal contra o regional. Vinha-se da orla atlântica com a gringaria zoando nos ouvidos, doendo nos olhos. À vista dos Arcos, podia-se gritar 'pique!', que a Deolinda agüentava a mão:
— Bebe um bocadginho, menino!

O malandro de camisa de seda e salto carrapeta, sombra pacífica do antigo malandro da Lapa, capoeira e navalhista, parecia estar ali como um guarda secreto em missão especialíssima: para defender o folclore.

— Sim: pode tocar o *Danúbio azul*, mas em tempo de samba!"

* * *

"Aqueles gigantes louros, ingênuos e risonhos como crianças, deram à Lapa a fisionomia de um bar cosmopolita de Copacabana. De quando em quando — vitaminizando a boa vizinhança —, a orquestrazinha entra com música de Tio Sam, desanda em homenagens. Eu me lembro então de Noel Rosa compondo um samba na mesa do cabarezinho; os músicos suspensos do seu lápis ágil à espera do rascunho para uma primeiríssima e inesperada audição. Eu me lembro do Henri Kauffmann e do Luís Martins, felizes com o sucesso do samba, esperando parabéns, como se a Lapa fosse deles, como se nada de bom acontecesse na Lapa que não fosse por causa deles."

* * *

Na crônica de Pongetti, deliciosa, Noel Rosa funciona mais como um símbolo do que como uma realidade histórica; pois, embora o conhecesse de vista, a verdade — que me lembre — é que na Lapa nunca o vi; sei que ele a freqüentava, mas nunca o vi. Quanto à Lapa ser um pouco minha, como era de Kauffmann, de Odylo, Magalhães,

Moacir, Murilo, Márcio Reis, era, de fato. E às vezes eu me pergunto se, no fundo, ela não era totalmente nossa; isto é, uma criação subjetiva, uma ficção poética, um estado de espírito, sem nenhum vínculo ou coincidência com a realidade exterior. Ela existia em nós. E no dia em que dela nos desinteressamos, morreu, deixou de existir.

Realmente, essa famosa "poesia noturna da Lapa" não seria um equívoco? Em Botafogo, Haddock Lobo, Vila Isabel, Engenho de Dentro, Cascadura, em qualquer bairro do Rio em que existissem botequins e chopes, nós não poderíamos ter inventado o mito de Montmartre, dado que a disposição poética era nossa, da nossa juventude? Não, seriamente não creio. Porque o cenário, o ambiente, a atmosfera ajudavam muito. A Lapa dos anos 1930 existia certamente muito na nossa imaginação e na nossa sensibilidade, mas também independente de nós, por si mesma, com a sua graça, o seu pitoresco, o seu mistério.

E tudo isto desvaneceu-se, diluiu-se, deteriorou-se, perdeu-se. Seis meses depois de Pongetti, era Moacir Werneck de Castro quem, através do *Correio Paulistano* de 27-10-1944, me enviava este nostálgico e tocante "Bilhete do Rio":

"Fui ontem à Lapa. Isto que outrora não se poderia contar em família assume hoje um ar inocente de visita a museu. Fui à Lapa com o pensamento no meu amigo Luís

Martins, e este bilhete não passará de uma conversa com ele. Seja isso permitido a dois pés-de-bois da crônica diária.

Pois meu caro Luís Martins, a nossa velha Lapa está irreconhecível. Fiz ao longo daquelas ruas uma minuciosa peregrinação lírica. Nada resta do espírito dos velhos tempos. Nada resta de nada. E, no entanto, há apenas cinco anos pairava sobre estas ruas a atmosfera do inesperado, era possível vir-se aqui à cata da aventura, do estranho acontecimento que nos faria personagens do Lúcio Cardoso. E às vezes encontrava-se o próprio Lúcio, tonto depois do segundo chope.

Mudou a Lapa ou mudamos nós?

Mudou a Lapa. Pois na Lapa já existem horrendos restaurantes iluminados a néon, e eu vi com estes olhos que a terra há de comer — a terra come tudo! — uma placa do Serviço Nacional de Malária no portão do célebre 22. Ali, naquelas salas onde outrora retumbaram hinos de amor, vêem-se hoje, à hora do expediente, pálidas amanuenses que batem relatórios sobre o mosquito *Anopheles darlingi*. A sombra dos caramanchões que um dia abrigou dores-de-cotovelo mais fortes que a do mocinho de Casablanca, tomba hoje sobre o vazio dos ócios burocráticos. Onde andarão Camélia, Margot, Sônia? E o fantasma da loura Marli, a que um dia se suicidou de desgosto amoroso, em que outra varanda virá buscar o convívio dos mortais, senão naquela onde os idílios a meia voz eram o prelúdio de grandes madrugadas? O eco das vivas risadas femininas, onde se refugiou? Tudo isso eu pergunto às venerandas árvores da rua Conde de Lage, e só me responde o sussurro do vento morno nas altas copas.

Ainda há siris no 49, mas a patroa Raymonde lá não aparece e o público não tem aquele jeito de antigamente. Lembra-se do 1900? Começou com pretensões grã-finas e hoje é um bareco inóspito, semelhante a essas casas senhoriais que viram cabeças-de-porco. O Hotel Primavera, de nome incomparável e longos corredores propícios ao crime, arrasta uma vida obscura num ambiente que perdeu a razão de ser; não compreendo porque o proprietário não abre falência e vai tentar a vida no interior. Mais adiante — horror! — descubro um antiquário. Esses monstros podiam ao menos poupar a Lapa na sua fúria de extorquir dinheiro aos otários. Mas não, abrem a loja e tratam ainda de iluminar o mais possível os moveizinhos falsificados. Triste coisa é o rolar dos anos.

Ainda passam belas mulatas com seus bacanos, mas é como se estivessem apenas em trânsito. E os bacanos têm um ar decadente, já não envergam as mesmas casimiras de xadrez, os seus sapatos de tripla sola estão um tanto cambaios — a vida torna-se difícil. Espio os cabarés, o Túnel, o Brasil, o Tabaris, o Novo México. Estão todos abarrotados de marinheiros americanos, vermelhos e alegres, que vão colhendo o mais que podem da convivência de uma meia dúzia de mulheres desalentadoras. Dois *sailors* dançam *swing* à porta do Danúbio, que está modernizado e há muito não tem placa na porta, provavelmente porque o dono achou comprometedor o nome do velho rio. O Viena-Budapest de tantas noites boas, mudou o nome para Casanova e está de portas fechadas. As minhas pisadas ecoam depois na rua Joaquim Silva, deserta e carregada de memórias, como se eu caminhasse pelas aléias de um cemitério.

Aqui nestas ruas jaz o "Montmartre carioca", de saudosa memória. Dos lados do Lavradio, mais para perto da praça Tiradentes, talvez ainda haja alguma coisa dos velhos tempos. Mas daí eu guardo uma recordação mais recente, a doce recordação de um anjo que levei pelo braço ao longo da rua impregnada de velhos pecados e eternas agonias... Como fui parar lá com meu anjo? Isto é outra história.

Pois assim é, meu caro Luís Martins. Pergunto como Villon e como você: 'Mais ou sout les neiges d'antan?' — e não é preciso ser muito perspicaz para descobrir que há uma ligeira melancolia nessa pergunta."

* * *

A fisionomia da Lapa (mesmo independentemente de qualquer impressão pessoal e subjetiva) sofrera várias alterações. Por exemplo: não havia mais garçonetes. Ribeiro

DECLÍNIO

Couto, que mais ou menos por esse tempo passou dois anos no Rio, em estágio no Itamarati, observava numa crônica: "Não ficarei na Lapa. Dos seus bares o regulamento policial afastou as caixeirinhas risonhas que imitavam o Reno à sombra dos Arcos. Onde cultivar o anonimato, o chope sentimental e a meditação confusa a esta hora em que me assaltam os demônios da nostalgia? Na praia."

E era mais ou menos o que todos faziam: iam para a praia, isto é, para Copacabana. Foi então o tempo de grande esplendor do Alcazar, o famoso bar-restaurante com *terrasse* do Posto 5. Eu, carioca legítimo e não de adoção, não me conformava muito com isto. Em 1948 escrevia:

"Como o Rio tem mudado nestes últimos anos! Pode-se quase dizer que Copacabana vai aos poucos matando o Rio. Porque Copacabana pouco ou nada tem a ver com o Rio. Copacabana é alegre, é luminosa, é turística, cosmopolita, vitaminada, esportiva e incontestavelmente bela.

Mas não é o Rio. O Rio é a velha cidade imperial das ruas mal calçadas que aos crepúsculos se iluminavam a bico de gás. São os becos estreitos e sinuosos, com recordações coloniais apontando a cada passo. É a evocação persistente e viva dos romances de Macedo, da música de Nazareth, das serenatas boêmias dos bairros sossegados e dos subúrbios tristonhos, em noites profundamente quietas de misterioso luar... O Rio é a rua da Misericórdia, a praça da Bandeira, o

Catete, o largo do Machado, a Tijuca, Vila Isabel, Flamengo, Laranjeiras, Andaraí, Engenho Novo. O Rio é a Lapa."

Foi por isso que muitos anos depois, em 1957, quando Renard Perez, entrevistando-me para o *Correio da Manhã*, quis saber se eu, carioca, em São Paulo tinha muitas saudades do Rio:

— Não — respondi. — Tenho muitas saudades do Rio quando estou no Rio.

* * *

Então, chegou o tempo em que "ir à Lapa" passou a ser uma extravagância sem sentido, um sentimentalismo que provocava sorrisos complacentemente irônicos.

— Vamos dar um pulo até a Lapa?

— Pra quê? Não tem mais nada que interesse lá... A gente ia se chatear à toa.

Eu chegava ao Rio e, num bar de Copacabana, depois do terceiro chope, sentia-me dominado por uma onda de nostalgia. Ao companheiro mais próximo, bem baixinho, para que os outros não ouvissem, perguntava, como se fizesse uma tímida confidência:

— Você tem ido à Lapa?

O companheiro sorria, com a superioridade de um indivíduo bem informado:

DECLÍNIO

— Qual, Luís Martins, só mesmo você, que vive fora, é que ainda pensa na Lapa!

Se alguém ouvia a réplica, havia, em torno, a inevitável gozação:

— Olha o saudosista!

E como eu, envergonhado da minha gafe, nada dizia (mas dizer o quê), uma alma caridosa acabava por sentir pena de mim; e então, para me consolar, recitava o breve epitáfio da nossa juventude extinta:

— A Lapa morreu, meu caro...

Não morrera ainda, mas entrara na fase derradeira da agonia. Uma noite, consegui convencer um amigo a me acompanhar numa peregrinação lírica por aquelas paragens, onde, como no soneto célebre,

> Uma ilusão gemia em cada canto,
> Chorava em cada canto uma saudade.

Foi uma coisa dilacerantemente melancólica. Dessa excursão malograda resultou uma reportagem sentimental, que escrevi para *Diretrizes*, e foi publicada no dia 30-8-1946. Nela, há este trecho, que diz tudo:

"Numa noite dessas, em minha última viagem ao Rio, fui à Lapa, em companhia de um velho amigo. Oh! A tristeza de constatar que a gente envelhece, que as cidades mudam, as ruas se modificam, o tempo passa! Nem sequer havia a possibilidade da dúvida inquietante de Machado de Assis. Eu mudara, certamente, mas a Lapa mudara ainda mais do que eu. De sólido e dando a impressão de eternidade, apenas a igreja e os Arcos. O resto...

Tinha chovido e a gente chapinhava nas poças d'água. Fomos ao Túnel da Lapa: fechado. Demos um pulo ao Danúbio Azul, que, segundo creio, até de nome mudou; mas não tivemos coragem de entrar. 'Quem sabe se o 49...'

Fomos ao 49. De passagem, porém, paramos, só para dar uma espiadinha, no 1900, que há poucos anos se abriu na rua da Lapa com desenhos de um decorador grã-fino e com pretensões a *night-club* elegante. Nos primeiros tempos, a gente melhor da cidade o freqüentara, de fato. De Copacabana, Ipanema vinham carros de luxo, todas as noites, postar-se à sua porta, cheios de belas senhoras cobertas de peles e enfastiados senhores de casaca. A extravagância não durou seis meses. Hoje, o 1900 é um bar triste, onde marinheiros e soldados bebem cerveja, diante das decorações que ficaram...

No 49, a orquestra, como outrora, tocava trechos de óperas, e um freqüentador, como outrora, cantava uma ária qualquer. 'Ao menos ainda há siris', comentou o meu amigo. E, de fato, havia siris. Mas a francesa gorda da caixa desaparecera...

DECLÍNIO

Estávamos tão tristes que saímos para tomar um chope na Taberna da Glória.

Mas na Taberna também sentimos a falta do passado, de outras noites mais divertidas, embora mais recentes, quando Mário de Andrade morava na rua do Catete, esquina de Santo Amaro, num edifício de apartamentos em que eu também morara. De maneira que resolvemos considerar a noite como definitivamente perdida, deixamos inacabados os nossos chopes e voltamos para casa..."

Em Genebra, onde se achava então, Ribeiro Couto leu a reportagem e, na dedicatória de um de seus livros, transmitia-me as suas impressões:

"Lulu Martins.

Li, agora, a tua crônica sobre a Lapa, nas *Diretrizes* de 30 de agosto. Que delícia! Que delícia!! Assim, vale a pena!

Adeus! Saudadíssimas! De ti, da Lapa e do tempo em que eras magro — e namoravas nos cinemas da Tijuca.

Ruy"

* * *

"Mudou a Lapa ou mudamos nós?" — perguntava Moacir Werneck de Castro. E ele mesmo respondia: "Mudou a Lapa." De minha parte, eu dizia: "Eu mudara certamente, mas a Lapa mudara ainda mais do que eu."

Mas não seria exatamente porque nós mudáramos que a Lapa nos parecia tão diferente? No tempo da guerra, é certo, a profunda alteração do ambiente — a Lapa falando inglês, a Lapa dançando *swing* — não era de molde a exercer sobre nós a mesma atração, não tinha a mesma sedução de antigamente.

Mas a guerra acabou. Os marinheiros norte-americanos retornaram à sua terra. A Lapa voltou a falar gíria carioca e a dançar samba. E então, por que não a reconquistamos, por que não reimplantamos nela o nosso pavilhão e nela reinstalamos a nossa pequena paródia de Montmartre?

Não havia mais as "pensões alegres" da rua Conde de Lage e adjacências, mas isto, já nessa altura dos acontecimentos, não era necessário; e não havia mais garçonetes no Túnel, mas também isto não tinha importância; algumas outras coisas tinham mudado ou desaparecido, certamente, mas sempre podia-se dar um jeito...

Ah! Jeito se poderia dar se, ao mesmo tempo em que a Lapa, a velha Lapa da nossa juventude agonizava, nós também, de nossa parte, não começássemos imperceptível, mas irremediavelmente a envelhecer. Aquela admirável ventura que durara um decênio, nós não poderíamos repetir, nem perpetuar. Alguma coisa morrera em nós.

Em suma, a Lapa mudara — e nós também. Rompera-se o vínculo de uma afinidade que só pudera existir no momento intransponível, intransferível e insubstituível de uma extraordinária e feliz coincidência: a do instante único da nossa juventude com a atmosfera ambiente a ela propícia.

Depois, perdemos o compasso, saímos do ritmo, e as nossas órbitas se distanciaram. O extraordinário é que a Lapa fosse apenas esta fragilidade, esta precariedade, esta coisa transitória, efêmera e fugaz: a nossa mocidade. Pois, sem nós, acabou, morreu.

E, morrendo, começou a viver a vida secreta dos símbolos poéticos, multiplicando-se em muitas Lapas; cada qual tinha a sua, feita de evocações pessoais; não era mais um bairro — era uma lenda. E foi então que verdadeiramente se criou, numa exaltação de nostalgia, o mito do "Montmartre carioca desaparecido", nos clichês do vocabulário jornalístico.

A primeira vez que um jovem de Copacabana me pediu: "conte-nos coisas da velha Lapa", eu me senti lendário, antigo e venerável como uma estátua do Aleijadinho, uma igreja barroca, um remanescente da *belle époque*, ou um contemporâneo da Proclamação da República. Tornava-me monumento histórico.

A Lapa estava extinta; e a minha mocidade também. Em 1947, dez anos depois que deixara o Rio, eu poderia repetir, com mais autêntica e justificável melancolia, as mesmas palavras com que, em 1936, encerrara o romance da juventude que tinha o nome do velho bairro:

"É noite. A valsa acabou..."

A VALSA ACABOU

"Creio que me enganei. Não é mais da Lapa que me pode vir aquela comoção deleitosa da angústia noturna, material delicadamente trabalhado pela sensibilidade ingênua, como a teia infinita de uma aranha secreta. Se comoção tenho, é a de procurar nestas ruas, nestas calçadas, qualquer coisa que eu próprio deixei aqui, nas nostálgicas vagabundagens sem rumo e sem consolo. Ainda vejo portas de outrora, com os mesmos poiais gordurosos; ainda escuto, através da janela de um sobrado, os surdos gemidos de uma pessoa doente ou o choro de uma criança. As mesmas árvores poeirentas ainda abrem as copas imóveis e aflitas. Há sempre, como ídolos ambulantes de uma religião misteriosa, gatos vadios espiando nos portais, à espera não se sabe de que extraordinários ritos. Mas falta um elemento em mim próprio, um instinto espontâneo, um vínculo de simpatia e hábitos com as coisas de em torno."

RIBEIRO COUTO
Crônica *Noturno da Lapa*

DEPOIS DE TRATAR a edição deste livro, em setembro de 1963, eu achei que devia, estando no Rio, visitar a Lapa, como quem visita, acabado o espetáculo, um teatro vazio

Não tive coragem de ir à noite. Eu seria o primeiro a me surpreender e escandalizar, se visse a minha imagem refletida num espelho: que diabo faria ali aquele senhor solitário, meio gordo, de cabelos grisalhos, de aspecto respeitável e burguês, a perambular a esmo pelas ruas e praças, fuçando portas erradas e acabando, talvez, com toda a sua aparente respeitabilidade, por entrar num dos dois cabarés que ainda existem, onde faria o papel de um *revenant* irrompendo, sem ser esperado e desejado, numa festinha familiar? Eu próprio me sentiria vagamente suspeito...

Fui à tarde. No seu aspecto geral, como logradouro urbano, a Lapa pouco mudou. Pode-se mesmo dizer que é um dos recantos do Rio que ainda conserva, em seus traços mais fortes, e marcantes, a fisionomia antiga; ali, a chamada "picareta do Progresso" ainda não fez sentir, em toda a plenitude, a sua capacidade de demolição. Em conjunto, a Lapa conserva o mesmo ar venerável de antigamente, aquele ar de velhice que era um dos seus encantos e dos seus mistérios.

O beco dos Carmelitas, a rua Morais e Vale, a Joaquim Silva (pelo menos na parte baixa) estão quase intactos. É espantoso como se puderam conservar ali, a dois passos dos arranha-céus da Cinelândia, aquelas casinhas humildes, exatamente como eram há 35 anos, com as mesmas portas

A VALSA ACABOU

e janelas vetustas, os frontais pintados da mesma cor. A gente tem a impressão de que o fio do tempo partiu-se, a vida se imobilizou. A vida aparente e vegetativa das coisas e dos lugares, porque aquele cenário era um corpo sem alma e, na tranqüilidade da hora crepuscular, eu tinha a exata sensação de estar num cemitério. Onde as vozes, os risos, os apelos de antigamente? Que gente estranha moraria naquelas casas? Eu sentia uma quase irresistível vontade de entrar numa delas, sem pedir licença, percorrer aquelas salas e aqueles quartos mergulhados em silêncio e sombra, certo de que veria fantasmas. Uma sensação opressiva dominava-me. Os raros transeuntes que percorriam apressados aquele trecho não reparavam em mim, de modo que pude demorar-me longo tempo em mudo colóquio com a minha saudade. O verso de Raimundo Correia aflorou-me à memória: "Aqui outrora retumbaram hinos."

A rua Conde de Lage dá uma impressão mais profunda e desoladora de ruína. As casas estão se desmanchando, corroídas pelo ácido da velhice e do abandono — algumas, mesmo literalmente, desabaram — e certamente serão logo substituídas por modernos edifícios de apartamentos. Do lado de cima (par ou ímpar?), que dá para a encosta do morro, elas ainda se conservam melhor — e foi com emoção que contemplei as íngremes e longas escadarias de pedras pelas quais se comunicam com a rua. O antigo 22, de tão gloriosa memória, desapareceu. Mas, olhando-se o outro lado da rua Taylor subindo para o morro, a perspectiva é ainda a mesma de outrora.

Caminhei pela rua Joaquim Silva, desci a rua Teotônio Regadas, cheguei ao largo. Ainda agora, não obstante um ou outro edifício moderno que brotou aqui e ali, como um cogumelo de concreto, a Lapa, vista superficialmente, ainda é a mesma. Os mesmos sobrados vetustos, de fachadas descascadas e cheias de manchas de decrepitude, as mesmas "portas de outrora, com os mesmos poiais gordurosos" e "as mesmas árvores poeirentas" abrindo "as copas imóveis e aflitas", da descrição de Ribeiro Couto. Mas onde o Túnel, o 49, o Viena-Budapest, o Brasil, o Tabaris? Nada disto existe mais. Na avenida Mem de Sá, o Danúbio Azul (não sei se com o mesmo nome) ainda resiste, enorme e, à hora em que o visitei, inteiramente vazio. O cabarezinho do andar de cima (chamava-se Novo México, agora não sei) continua firme; e quase defronte, o Casanova, onde era o Viena-Budapest. É só.

Mas da Lapa, a Lapa montmartriana dos anos 1930, falta tudo. É possível — creio mesmo certo — que à noite ainda haja boêmios, rapazes à procura (como nós, há vinte e cinco anos) daquela "comoção deleitosa da angústia noturna", a que se refere Ribeiro Couto. Não os conheço, porém, nem eles jamais reconheceriam em mim um irmão retardatário, em busca do *temps jadis*.

A VALSA ACABOU

Porque a falta maior e capital é a ausência de mim mesmo. Agora reconheço: na corrida contra o tempo, na luta contra a velhice, a Lapa acabou levando a melhor sobre mim. Ao contrário do que me parecia há vinte anos, na minha precariedade, na minha fragilidade, na minha transitoriedade humana, eu mudei muito mais do que ela...

* * *

Havia pouco mais de um ano que eu me achava em São Paulo quando Murilo Miranda, visitando-me, perguntou-me se eu não pretendia voltar para o Rio. Como eu me calasse, meio perplexo, pois não tomara nenhuma resolução definitiva sobre a minha vida e o meu futuro, traumatizado ainda pelos acontecimentos que tinham determinado o meu afastamento da terra natal, lembro-me de que ele gracejou:

— Mas você pretende morrer e ser enterrado aqui?

Não, nesta eventualidade eu não pensara e confesso que, naquele momento, ela me atemorizou. Todo homem sente o poderoso apelo de retorno ao seio materno, devolvendo os seus despojos à terra em que viu a luz. Isto foi quase há vinte e cinco anos. Hoje, aceito como coisa natural a probabilidade de morrer e ser enterrado em solo estranho; aqui criei raízes. Esta terra está regada do meu suor e das minhas lágrimas; aqui ganho o meu pão de cada dia; aqui me casei, tive uma filha; aqui amei, aqui lutei, aqui sofri.

Para a minha carreira literária, penso, teria sido mais vantajoso que eu continuasse carioca. Mas isto não tem muita importância. No fundo (já o disse inúmeras vezes), nunca me interessou a glória literária, como qualquer outra espécie de glória; e jamais fiz o mínimo esforço para alcançá-la, como nunca me preocupei em adquirir fortuna, ou conquistar posição social. A ambição não é o meu forte.

Evidentemente, cada qual terá o direito, que não contestarei, de duvidar da minha sinceridade. Entretanto, outros, que não eu mesmo, já tiveram ocasião de observar e assinalar esta particularidade da minha personalidade, que aliás me limito a constatar sem lástima nem orgulho, porque não me fiz, não me tornei assim por princípio moral, nem por um esforço consciente da vontade; sou assim porque sou, porque nasci assim. Em 1957, Carlos Drummond de Andrade escrevia, numa crônica, referindo-se a mim: "Você faz parte desse grupinho meio desmantelado dos sensíveis inteligentes, que não formam casta nenhuma, levam bastante na cabeça, mas continuam fiéis a si mesmos e não trocam de vida. Chamo 'trocar de vida' submeter-se a essas estranhas operações psicológicas, transformadoras da conduta, de que o paciente sai rico, mas vazio; célebre, mas oposto a si mesmo; realizado, mas intimamente deficitário. Você não mudou nada nesse estirão de tempo, Luís Martins."

E Fernando Góes, por essa mesma época, afinava pelo mesmo diapasão:

"Alguém, parece-me que o seu e meu amigo Sérgio Milliet, acusou-o, certa vez, de amar demasiadamente a vida e muito pouco a glória. Acusou? Penso que elogiou. Porque o desprendimento com que Luís Martins tem tratado o que poderíamos chamar a carreira literária é digno de nota, num momento em que as posições são conquistadas de assalto e a golpes baixos, e a política literária, no seu pior sentido, é exercida com um despudor que faria corar o maior político do gênero que possuímos: o muito justamente esquecido Valentim Magalhães...

Por descurar assim da 'carreira', é que Luís Martins não somente não reedita os seus livros como também nunca pensou em reunir em volume as suas crônicas.[21] Crônicas que há mais de vinte anos vem espalhando diariamente pelos jornais do Rio e de São Paulo, e que lhe dão um lugar de relevo entre os maiores nomes da nossa crônica: um Rubem Braga, um Henrique Pongetti..."

Nunca saberei expressar devidamente, ao povo de São Paulo, a minha gratidão pelo favor, pela simpatia, pela

---

[21] Depois disso, reuni (*Futebol da madrugada* e *Noturno do Sumaré*).

generosidade com que, há tantos anos, vem acolhendo a crônica que diariamente lhe ofereço nas colunas de *O Estado de S. Paulo*. Essa simpatia que me desvanece e que por vezes se tem manifestado através de episódios verdadeiramente tocantes é um dos mais fortes elos que me ligam à terra paulista.

* * *

Apesar de retraído e pouco afeito à sociedade mundana, sou um afetivo. Um dos raros motivos de orgulho que tenho na vida são as amizades que fiz, muitas delas — e das melhores — no tempo da convivência boêmia nos barzinhos da Lapa: Magalhães Júnior, Odylo Costa, filho, Dante Costa, Murilo Miranda, etc.

Sinto-me perfeitamente, e de sobra, recompensado de todos os bens, regalias e vantagens deste mundo que não adquiri — a fortuna, que nunca ambicionei; altos cargos, que jamais disputei; a glória literária, que não me fascina — quando vejo que tenho ou tive amigos como Ribeiro Couto, Carlos Drummond de Andrade, Sérgio Buarque de Hollanda, Di Cavalcanti, Sérgio Milliet, Paulo Mendes de Almeida e vários outros.

Em São Paulo, o convívio dos amigos fazia-me muita falta. Quando me lembrava da Lapa, não era em suas garçonetes, em seus bares, em seus cabarés que pensava, mas naquela intimidade, naquela convivência, naquela afetuosa comunhão com as criaturas que tinham vivido a meu lado as horas mais agitadas, mais aloucadas, mais frementes, mais românticas e talvez as mais belas da minha juventude.

Querer bem, afeiçoar-me, é uma necessidade irreprimível da minha sensibilidade, da minha contextura humana, da minha maneira de ser. Assim, em São Paulo, procurei refazer um outro grupo de amigos, que fossem para mim como uma espécie de compensação àqueles de que me afastara e cujo convívio o tempo e o espaço tornariam cada vez mais raro e mais difícil.

Reconheço que não é coisa fácil ser meu amigo. Já se disse que eu tenho o culto da amizade — o que me parece certo; mas todo culto é exigente, minucioso no seu ritual e severo em suas regras de conduta; todo culto implica uma doação, uma dádiva de si mesmo, por parte do indivíduo praticante.

É preciso devolver às palavras não só o seu exato significado, como a integridade do seu conteúdo emocional. Muito se abusa da palavra "amigo", usada a torto e a direito, numa profusão inflacionária, que a desvaloriza. O amigo não é o companheiro de reuniões sociais, o camarada de emprego, o comparsa de negócios, o *copain* de bar; o amigo não é a pessoa com a qual mantemos relações cordiais e às vezes até efusivas. O amigo não é o "outro", por mais simpática, por mais agradável, por mais sedutora que possa ser a sua companhia e a sua convivência; o amigo é o nosso sósia, o nosso *double*, uma outra encarnação de nós mesmos.

    É evidente, contudo, que essa forma de identificação só pode ser atingida através da simpatia, de uma afinidade não só intelectual e moral, como de gostos, tendências, atitudes, comportamento espontâneo e habitual nas circunstâncias e nos locais mais diversos da vida.

    Por exemplo: no bar. Veja-se o nosso grupinho da Lapa. Em tantos anos de convívio quase diário, que se poderia dizer fraterno, na mais completa intimidade, nunca tivemos uma rusga, uma desinteligência, uma troca de palavras ásperas; nunca um de nós, esquentado pelo chope, melindrou ou ofendeu o outro. Era perfeita a nossa *entente*. Discutir, discutíamos, às vezes até acaloradamente, mas sempre no tom, no plano, na atmosfera da mais estrita cordialidade. Queríamo-nos bem e respeitávamo-nos mutuamente. Mais tarde, vim a conhecer um outro tipo de convivência entre camaradas, de intimidade entre companheiros, que me chocava e me deixava aturdido. Vim a conhecer a inteligência truculenta, a argumentação insolente, o diálogo impertinente, a discussão violenta, a sociabilidade agressiva — agressividade, violência, insolência, truculência, impertinência, que eram apenas disfarces do sadismo.

A VALSA ACABOU

Sou, do meu natural, ameno, cordial e pacífico. Jamais pude compreender o indivíduo que vai ao bar a fim de passar uma ou duas horas agradáveis entre companheiros — o bar, para mim, é um sedativo, que nos faz esquecer temporariamente os problemas e chateações do cotidiano — e, todavia, em lugar de fazer desses minutos um oásis refrigerante na turbulência do dia, transforma-os em campo de batalha. Ao encontrar este tipo de freqüentador de bar pela primeira vez, a minha reação inicial foi de perplexidade.

Esta estranha e incômoda maneira de cultivar a amizade ou a camaradagem não me satisfazia, antes deixava-me constrangido e irritado comigo mesmo, mais do que com os outros. Aos poucos, fui-me tornando arredio, esquivo. Afastei-me.

A Lapa morria uma vez mais, em mim. Aquele clima de compreensão mútua, de convivência amável, de solidariedade fraternal só pudera existir um momento e numa determinada atmosfera; não podia ser transplantado para outras regiões de tempo e espaço. A Lapa fora um instante mágico e único em minha vida. Irreproduzível. Irreversível.

* * *

No tempo da Lapa, eu era um grande tagarela. Sempre muito alegre (ou dando a impressão de que o era), captava com facilidade o lado ridículo ou humorístico das coisas, fazendo rir ou sorrir os meus companheiros. Gostava de conversar e parece que era um bom conversador.

Já contei, num dos capítulos anteriores, a cena ocorrida num dos meus primeiros encontros com R. Magalhães Júnior, quando ele dizia que um dia haveria de me contratar para seu secretário, apenas para que eu o divertisse...

Em 1936, num artigo sobre o *Lapa*, Joaquim Ribeiro escrevia: "É curioso notar que Luís Martins, que pessoalmente é um *blagueur* admirável, não quis colocar em seu romance uma boa dosagem de suas *blagues*."

Quem me conhece de hoje — o indivíduo enfadonho e meio caladão que me tornei — ficará muito admirado de saber que, ainda em 1955, Afonso Arinos de Melo Franco, recordando os poucos encontros que tivera comigo anos antes, no Rio, escrevia na *Tribuna da Imprensa*:

"Com Luís Martins nunca falei. De resto, ninguém pode falar com Luís Martins. O que se impõe é ouvi-lo. Quem o conhece sabe o que é esta figura surpreendente, cujas palavras e idéias explodem ininterruptamente como torrentes flamejantes de uma espécie de vulcão interior, em constante erupção.

As poucas vezes que me encontrei com esse extraordinário paulista não falei nada, pois, como ouvinte e também espectador, fiquei sempre meio espantado com o seu turbilhão colorido de ditos, observações, imagens e alegorias misturados com risos..."

Quando escrevia isto, Afonso Arinos não podia saber que eu já me tornara, em definitivo, criatura completamente diferente daquela que ele evocava.

No começo da minha permanência em São Paulo, eu procurava parecer-me, de certa forma, com o carioca da Lapa que fora anos antes. Tanto que, ainda em 1952, o poeta Domingos Carvalho da Silva observava: "Não sei por que Luís Martins não é um grande escritor. Sei que ele escreve bem, e muito. É cronista. Poeta. Crítico de arte. Ficcionista. Talvez, no entanto, o prejudique uma virtude rara, a de amigo extravasante e conversador-mestre!" (A outra causa apontada por Domingos era a minha incapacidade de fazer política literária...)

* * *

Relembrando o episódio de 1937, que acabaria determinando a minha definitiva mudança para terras paulistas, Carlos Drummond de Andrade assinalava que a "maldade burra" de que fora vítima me havia despertado pasmo, "não ódio e nem sequer azedume".

Realmente, é o que sempre sinto, quando diante da maldade gratuita, da agressão mal-intencionada, da injustiça deliberada, da ofensa sem motivo, da ingratidão, do ódio, da inveja, da intriga e da calúnia: perplexidade e espanto. O que me atormenta é um desesperado anseio de compreender uma coisa que me parece sem nenhum sentido, sem qualquer propósito, perfeitamente absurda. Como eu gostaria de poder conhecer o íntimo das pessoas e entender o mecanismo de suas idéias, o móvel de suas ações! Como — pergunto-me, perplexo —, como podem proceder assim? Por quê? Não atino como possa uma criatura assim se despojar sem necessidade da sua dignidade humana, degradando-se voluntariamente, sem sentir repulsa por si mesma, sem um arrepio de autodesprezo e autocomiseração...

A primeira vez que me encontrei face a face com a maldade humana foi em 1937, e as conseqüências (como já sabe o leitor) foram desastrosas para mim. A primeira vez. Mas não seria a última. Muito teria a aprender depois, vivendo — e rudemente aprendi. Cada vez mais perplexo e desapontado, fui aos poucos compreendendo que a maioria dos homens era bem diferente daquela imagem por mim idealizada, através de um convívio com seres de exceção, que me pareciam constituir a média da Humanidade — e são apenas raridades quase monstruosas.

Quando me comparava a um Odylo Costa, filho, por exemplo, eu me sentia humilhado e amesquinhado em minha inferioridade humana; ele era melhor do que eu sob todos os aspectos: mais compassivo, mais compreensivo, mais bondoso, mais leal, mais afável, mais modesto, mais generoso.

A VALSA ACABOU

Frágil criatura carregada de pecados, eu conhecia apenas a face angelical dos homens — não a sua face demoníaca. Quando a vi, senti uma náusea, um nojo, um desgosto profundos pela minha natureza e condição humanas. O homem era aquela baixeza, aquela vileza, aquela torpitude! "Você é dos melhores sujeitos que já conheci", diz Carlos Drummond de Andrade; mas, embora a opinião me desvaneça, por ser de quem é, sou obrigado, sem falsa modéstia, a declarar que nisto o grande poeta se engana. Ele conhece gente muito melhor do que eu; ele próprio é infinitamente melhor do que eu. Mas também, para ser verdadeiro — e sem descabido orgulho —, confesso que acabei por me convencer de que a média, por incrível que pareça, ainda está abaixo de mim. Isto não me dá nenhuma alegria; sinceramente, isto me entristece. Porque ao chegar, vivendo e observando a vida, a esta desesperadora conclusão, eu — incapaz de odiar — me vi diante da dura necessidade de ter que desprezar os homens... Não todos, evidentemente. Mas quantos!...

* * *

Agora, presumo eu, compreenderá o leitor a nostalgia com que evoco a Lapa e por que o tempo a sublimou numa doce e terna imagem de Paraíso perdido.

Não foi só a minha mocidade que ficou soterrada nas catacumbas daquelas noites de fantasia, exaltação e sonho, nas líricas vigílias e nas longas perambulações pelos bares, becos e ruas da Pigalle fictícia e artificial que criamos.

Foi também a bela mentira, a generosa ilusão em que envolvemos a vida e fantasiamos os homens. Sob certos aspectos, a Lapa foi uma aventura única em nossas vidas. Foi um instante de graça, de harmonia e de beleza que se realizou através da camaradagem perfeita de um grupo de rapazes, que eram homens de bom caráter, de boa índole e de boa-fé. A imagem do mundo que construímos, e que nos parecia a única autêntica e válida, era, no fundo, uma utopia e um mito: um mundo sem maldade, sem baixeza, sem rancor, sem mesquinhez, sem traição, sem violência.

Como já tive ocasião de assinalar em outro capítulo, daquele grupo de rapazes nenhum se perdeu. Fomos boêmios, sim, por sermos jovens. Muitos excessos praticamos, algumas loucuras fizemos. Mas as nossas almas e os nossos caracteres não se contaminaram, não se macularam, não se deformaram. Permanecemos íntegros e intactos.

Continuamos, pela existência afora, homens de bem, como éramos antes. A maioria casou-se, constituiu família. E não sei de um só que, tanto em sua vida privada como pública e profissional, não seja varão exemplar.

A VALSA ACABOU

Eu acho engraçadíssimo o ar de malícia escandalizada com que algumas pessoas, falando baixinho, às vezes me perguntam, como se aludissem a uma coisa secreta e inconfessável:

— Você, em moço, freqüentou muito a Lapa, não foi?

Pelo visto, alimentam a vaga suspeita de que os rapazes que freqüentaram a Lapa não passavam, em suas mocidades, de gigolôs, desordeiros e marginais... Marginal um Carlos Lacerda! Gigolô um Raimundo Magalhães Júnior! Desordeiro um Odylo Costa, filho!...

Esses supostos "fora-da-lei" são hoje luminares da política, da magistratura, da diplomacia, do ensino universitário, do jornalismo, da Academia Brasileira de Letras, personalidades ilustres, brasileiros de escol, homens eminentes — com uma única exceção, que sou eu mesmo.

Às vezes me acontece pensar: por que não fiquei no Rio? Que diabo vim fazer em São Paulo? Mas logo me arrependo, por se tratar de um pensamento injusto. Deus me preserve do pecado da ingratidão! Em verdade, não obstante algumas decepções e desilusões que me fez sofrer, São Paulo muita coisa boa me deu. E eu tenho orgulho de ser paulista de adoção, como observou R. Magalhães Júnior: "Entre as mudanças de Luís, a mais importante é a que converteu esse carioca do Rio Comprido em paulista voluntário, orgulhoso de sua nova pátria. É uma mudança espantosa, mudança que parecia impossível aos que, como eu, o conheceram delirante de amor pelas vielas da Lapa, tecendo madrigais à vida noturna do Rio..."

* * *

Mesmo que eu continuasse a morar no Rio, mesmo que a Lapa não mudasse, a minha aventura lapiana inevitavelmente teria chegado ao fim nos anos 1940. Não consigo imaginar-me, depois de uma certa idade, freqüentando seus cabarés, bebendo em seus bares, namorando suas garçonetes.

Todo o encanto, todo o pitoresco, toda a magia se diluiriam, se volatizariam ao impacto da fadiga e do tédio. E talvez até eu acabasse por aborrecer a Lapa...

Ribeiro Couto, que fora um homem da *belle époque*, já não a compreendia, não a sentia no tempo em que eu ainda tecia "madrigais à vida noturna do Rio", no dizer de Magalhães Júnior; faltava-lhe já aquele "instinto espontâneo, um vínculo de simpatias e hábitos com as coisas de em torno".

A minha Lapa — a dos anos 1930 — não era a sua, como não seria a de Ovalle. Na década de 1940, ela inevitavelmente não poderia ser a Lapa de Magalhães, Odylo, Martins de Oliveira, Murilo, Moacir, isto é, em hipótese nenhuma seria a nossa. Mesmo que continuasse a viver, com a animação, o pitoresco, o esplendor de outrora.

Creio que foi melhor assim. Transformando-se, perdendo toda a razão de ser, acabando ao mesmo tempo em que acabava a nossa juventude, ela permaneceu invulnerável e intacta na nossa saudade. Virou lenda, perdida e jamais recuperável no tempo mítico.

Sim, a valsa acabou. Da aventura maravilhosa que durou dez anos, o que ficou foi a nostálgica lembrança daquelas noites que nenhum milagre ou sortilégio jamais poderá reviver. E como coroamento de tantos sonhos, tantos devaneios, tanta loucura boêmia, tanta exaltação lírica, estes versos carinhosos de Carlos Drummond de Andrade, que são como que o epitáfio, inscrito em letras de ouro, na lápide da minha mocidade morta:

> Villon, Verlaine e Luís
> encontraram-se na Lapa.
> A vida — essa meretriz —
> tanto beija como escapa.
> Villon, Verlaine e Luís
> trautearam suas canções
> com riso, lágrima, uísque,
> e entre tantas emoções
> deixaram na noite escura —
> Villon, Verlaine e Luís —
> a luz mais terna, mais pura.[22]

---

[22]Da *Viola de bolso*.

A LAPA DE LUÍS MARTINS

ESTA É A LAPA, ou parte dela, entre 1925 e 1940, segundo informações de Luís Martins e de outros boêmios literatos. Nem todos os estabelecimentos funcionaram ao mesmo tempo durante o período — muitos fecharam e outros abriram no mesmo lugar, ou simplesmente trocaram de proprietário e de nome. A numeração desses estabelecimentos é dificílima de apurar. A rua da Lapa, por exemplo, sofreu demolições e a numeração atual não corresponde à do tempo de Luís Martins. A av. Mem de Sá perdeu o "Ferro de engomar", o prédio triangular cuja frente dava para os Arcos e formava um X com a rua Visconde de Maranguape. Bem ou mal, muitas edificações originais chegaram aos nossos dias, sem memória do que representaram, e, de modo geral, a Lapa de hoje ainda conserva o visual dos seus tempos de boemia.

R.C.

Rua Santo Amaro
Cassino High Life

Rua do Catete
Taberna da Glória

Rua da Glória
Bar não identificado freqüentado por Sinhô

Rua da Lapa
"Pensão" de Suzanne Casterat * Hotel Guanabara * Cabaré Brasil (onde fica hoje o Restaurante Ernesto) * Barbearia do Machado (emprestava livros de Direito e Medicina a estudantes; ao lado do Brasil) * Restaurante Siri ou 49 (por ficar no então nº 49) * Cabaré 1900 * Casa do sambista Geraldo Pereira (no nº 31) * Igreja de Nossa Senhora do Carmo da Lapa do Desterro

Rua Taylor
Prostíbulos

Rua Conde de Lage
Prostíbulos

Rua Joaquim Silva
"Pensão" Imperial, de alto luxo * Café e Bar Bico de Ouro * "Pensão" da Chouchou * Apartamento do pintor Cândido Portinari

(na esquina com a rua Teotônio Regadas, sobre a atual Adega Flor de Coimbra) * Prostíbulos

Rua Morais e Vale
Apartamento do poeta Manuel Bandeira (no n° 37) * Bar Olímpia * Prostíbulos

Beco dos Carmelitas
Prostíbulos

Largo da Lapa
Grande Hotel da Lapa (depois Cinema Colonial, hoje Sala Cecília Meirelles) * Restaurante Capela

Rua Visconde de Maranguape
Restaurante Cosmopolita (berço do filé à Oswaldo Aranha) * Bar Túnel da Lapa * Bar Caipira * Bar Juca Pato * Café e Bar Planeta * Café Brasileiro * Hotel Primavera * Restaurante Oriental * Sede dos Tenentes do Diabo

Rua Teotônio Regadas (antigo Beco da Alegria)
Restaurante Alcazar

Travessa do Mosqueira
Café e Restaurante Boa Amizade

Rua Evaristo da Veiga
Café e Bar dos Lordes * Casa do sambista Wilson Baptista

Avenida Mem de Sá
Café Irani * Café Bahia * Café e Bar Continental * Café Indígena * Leiteria Bol * Cabaré Royal Pigalle * Metro Bar * Bar e Restaurante Danúbio Azul * Cabaré Novo México * Cabaré Palácio de Cristal * Restaurante Parreira Lamego * Prostíbulo da Dulce * Restaurante Calabresa * Restaurante Lapa * Restaurante Petisco * Cabaré Tabaris * Restaurante Viena-Budapest (depois Cabaré Casanova) * Cabaré Apolo * Bar A Pastora

Passeio Público
Teatro-Cassino Beira-Mar

Rua do Passeio
Bar CDM (Cu-da-Mãe) * Cassino Automóvel Clube (antigo Clube dos Diários) * Sede dos Democráticos * Sede dos Fenianos * Cabaré Zuavos * Cabaré Palace

Rua das Marrecas
Prostíbulos

Rua do Riachuelo
Cabaré Escondidinho

Este livro foi impresso nas oficinas da
DISTRIBUIDORA RECORD DE SERVIÇOS DE IMPRENSA S.A.
Rua Argentina, 171 – São Cristóvão – Rio de Janeiro, RJ
para a
EDITORA JOSÉ OLYMPIO LTDA.
em dezembro de 2004

*

73º aniversário desta Casa de livros, fundada em 29.11.1931